U0679223

　　"专精特新"已成为当下我国社会各界普遍关注的热门词。培育和壮大专精特新企业对于增强我国经济整体竞争力非常重要，这也成为大家的共识。我们经常谈及来自德国、日本等国的细分行业冠军企业，认识到这些规模不大、寿命很长、能力独特的企业可以在全球价值链体系中发挥重要作用。这些专业化发展的企业形成原因复杂多元，但与全球产业分工协作体系、一国或地区的经济发展阶段、企业自身的战略定位与资源能力状况等高度相关。

　　专精特新是一个极为精辟达意的名词，既能概括专业化发展企业的基本特征，又能为广大中小企业发展指引方向。在出现专精特新这一名词之前，中国大地上已经涌现一批具有此类风格气质的企业。我在博士生期间主要研究集群企业成长主题，毕业后先后主持多项国家级和省级科研项目，在浙江和广东等地实地走访调研了数百家中小集群企业。当时的中小集群企业大多已经以专业化的方式存在和发展，积极参与地方产业分工协作。只是那时的集群企业大多处于起步阶段，企业的资源能力较为有限，生存下来是企业的第一要务。20多年后的今天，不少集群企业已成长为具有较强国际国内竞争力的专精特新企业，成为受人尊敬的专精特新小巨人企业和单项冠军企业，在全球产业链、价值链和创新链中发挥着更为重要的作用。

专精特新企业是一个值得深入研究的企业群体。我国中小企业数量庞大，专精特新企业是广大中小企业发展的重要方向。中国专精特新企业的形成与发展，既需要普适性理论的指导，也需要扎根中国情境的经验智慧。总体上看，目前我们至少需要从理论上回答三个关键问题：一是专精特新企业拥有哪些竞争优势？这些竞争优势是如何形成的？二是专精特新企业如何才能实现持续成长？三是专精特新企业应该采取什么样的成长模式？围绕这些问题，我们开展了一系列实践考察和理论分析。

浙江的专精特新企业在全国有明显的群体优势，专精特新小巨人企业和单项冠军企业数量领先全国，为我们开展调查研究提供了很大的便利。我任职的浙江大学管理学院、浙江大学企业投资研究所和浙江大学隐形冠军国际研究中心与许多专精特新企业保持着密切联系。过去一段时间，我带领研究团队实地调研过正泰、舜宇、三花、公牛、中翰盛泰、贝隆精密、国自机器人、华源颜料、科赛新材料等一批制造业单项冠军企业和专精特新小巨人企业。与南存辉、王文鉴、张道才等优秀企业家、企业创始人和高管人员的面对面交流学习，不仅让我们敬佩他们对制造业的热爱与憧憬，也让我们感知到坚守制造业的艰辛与不易。最近几年，我有幸多次受邀给来自浙江、广东、山东、江苏等地的数百家专精特新企业（含培育）管理层授课，这让我有机会结识更多的企业家，更多地了解全国各地专精特新企业发展的新进展。我长期从事专精特新企业智库研究，撰写的多项决策咨询报告获省部级领导肯定，这让我对培育发展专精特新企业的政策支持体系也有了更深的思考。我坚信，实践洞察是理论创新的一大基础，理论知识可以指导实践创新。

为了更深入系统地总结归纳我国专精特新企业的主要特征、竞争优势、成长机制与模式，我们不仅需要对专精特新企业进行典型案例分析，还需要对专精特新企业群体有较好的整体性认知。因此，我们广泛采集整理专精特新企业的素材资料，并与对照组企业进行比较分析，希望可以得到具有普适性和实践指导价值的研究结论，如专精特新企业竞争优势的四大来源、成长机制的八个维度以及成长模式的三大类型等。

我们要感谢蓬勃发展的广大专精特新企业为我们开展研究提供了时代机遇与丰富素材，特别感谢许多专精特新企业热情无私地与我们分享培育发展专精特新企业的心路历程与经验智慧，感谢浙江省、宁波市、温州市、绍兴市、湖州市等各级经信部门为我们了解政策动态和对接企业提供宝贵的支持。感谢受聘全国专精特新企业培育基地（杭州）产学研融合中心智库专家和德国隐形冠军企业协会中国区专家委员会委员，让我有更多机会了解国内外相关情况。感谢浙江有数数字科技有限公司、浙江万创汇力科技服务有限公司、浙江科能企业管理有限公司等提供的大力支持。

作为高校教师，我和本书合作者史煜筠博士都很希望有更多的优秀青年人才能够多了解和多参与专精特新企业的创新发展进程。很幸运的是，我们的研究得到了林福鑫、楼泽阳、郑文彬、戴妤轩、雒芳等同学的积极参与，感谢同学们在企业调研和资料整理等方面做了大量卓有成效的工作。通过参与这项研究，同学们对我国专精特新企业的现状与前景有了更新的认知。如果本研究对您和您的企业专精特新成长有所启示和助益，那一定是广大中国专精特新企业探索和实践的经验与智慧。我们要感谢浙江大学出版社诸位领导和编辑老师的指导和支持，让本书得以顺利出版。作为一项探索性的研究工作，限于学识和时间，我们对专精特新企业的实践考察和理论分析远未成熟，许多缺陷和不足有待进一步完善。

邬爱其

浙江大学紫金港校区

2022 年 4 月 10 日

目　录 CONTENTS

一

专精特新企业概述

第一节　专精特新企业范畴

我国中小企业数量庞大，成为经济社会发展的生力军，对于扩大就业、改善民生、促进创新创业等发挥着重要作用。据统计，2020 年，我国共有 2505.5 万个企业法人单位，其中大部分是中小企业。专精特新企业是我国中小企业的重点发展方向，对提升我国工业基础实力和增强产业链、供应链韧性和安全具有重要作用。经过多年培育和发展，到 2021 年底，我国专精特新企业达到 4 万多家，专精特新"小巨人"企业 4762 家，制造业单项冠军企业 848 家，专精特新中小企业规模不断壮大。[①]

专精特新企业是专业化发展的企业群体，包括一般专精特新企业、专精特新小巨人企业和单项冠军企业等类型。一般专精特新企业、专精特新小巨人企业、单项冠军企业三者都坚持专业化发展，并在特定的细分领域和产业链环

[①] 我国专精特新企业有 4 万多家，https://www.sohu.com/a/517846345_162758。

节具有较强的市场竞争力。在经济体系中，一般专精特新企业的数量要远多于专精特新小巨人企业，更多于单项冠军企业。单项冠军企业的规模实力和综合发展质量要领先于专精特新小巨人企业，进而优于一般专精特新企业。所以，从企业发展方向看，一般专精特新企业朝小巨人企业目标发展，小巨人企业向单项冠军企业迈进，这就形成了企业梯度培育体系的基本架构。一些地方积极构建具有区域特色的市场主体培育体系。如，浙江省构建起了"创新型中小企业—隐形冠军和小巨人企业—单项冠军企业—高市值上市公司—世界级领军企业"的"五企"梯次培育体系。总体上，专精特新企业是在整个产业和企业体系中起着承上启下功能的重要"腰部"力量，对于我国从经济大国迈向经济强国起到关键性作用。

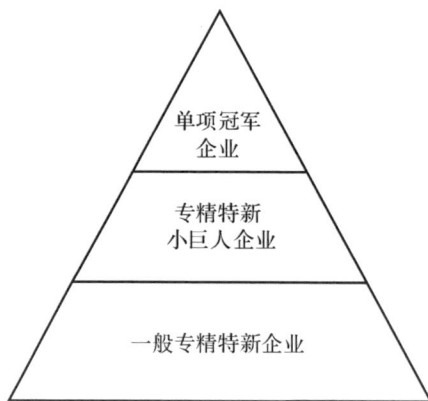

专业化发展企业的主要类型

1. 专精特新小巨人企业

专精特新企业是指呈现专业化、精细化、特色化和新颖化发展特征的中小企业，主要具有如下特征：一是"专"，主要体现在专有的技术或工艺、专业的生产制造、专门用途的产品等；二是"精"，主要体现在精益理念、精细管理、精深技艺、精致产品等；三是"特"，主要体现在独特技艺、特殊研制、特色产品等；四是"新"，主要体现在新型科技、新颖产品、新增价值等方面。

与一般专精特新中小企业相比，专精特新小巨人企业是其中的佼佼者。小巨人企业聚焦主业，专注于深耕细分市场，持续提升创新能力、生产工艺和管理水平，呈现出创新能力强、市场占有率高、掌握关键核心技术、质量效益优等总体特征和优势，在改善经营管理、提升产品质量、实现创新发展等方面，对广大中小企业高质量发展发挥着示范带动作用。

2. 单项冠军企业

为了加快培育优质制造企业，提升我国产业基础能力和产业链现代化水平，工业和信息化部与中国工业经济联合会组织开展了制造业单项冠军企业遴选和培育工作。根据《制造业单项冠军企业培育提升专项行动实施方案》（工信部产业〔2016〕105 号），制造业单项冠军企业是指长期专注于制造业某些特定细分产品市场，生产技术或工艺国际领先，单项产品市场占有率位居全球前列的企业。

作为企业专业化发展的典范，单项冠军企业是专精特新企业高质量发展的优秀代表。单项冠军企业坚持走"专特优精"发展道路，呈现出鲜明的行业特征和明显的发展优势。根据制造业单项冠军企业的申请条件和要求，单项冠军企业主要有如下特征：一是长期专业化发展。企业专注于产业链某一环节或某一产品领域，进行长期深耕，一般在相关领域坚持 10 年及以上的专精发展。二是全球市场份额大。企业注重国际化经营，主导产品的全球市场占有率达到前三水平，拥有较强的国际竞争力和较好的全球市场发展潜力。三是技术创新能力强。企业重视持续研发创新，拥有核心自主知识产权，生产技术和工艺处于国际领先水平，通过主导或参与制定相关领域技术标准引领行业发展。四是综合经营绩效优。企业注重产品品质和品牌建设，产品质量和关键性能指标处于国际领先水平，品牌溢价能力和盈利水平较强。五是管理制度体系好。企业注重建立健全生产研发、财务、知识产权、技术标准、质量保证、品牌建设、安全生产、环境能耗等方面的管理制度，以完善的精细管理理念和方法夯实企业创新发展基础。制造业单项冠军企业在我国制造企业突破关键重点领域、整合利用全球资源、增强全球价值链地位和提升产业国际竞争力等方面发挥着重要作用，助推我国从制造大国向制造强国发展。

除专精特新小巨人企业、单项冠军企业之外，还有一个常见的相关概念——隐形冠军企业。[①] 隐形冠军企业也强调企业专业化发展，由于其在全球细分市场中拥有很高的市场占有率，所以成为细分行业的冠军企业。同时，作为零部件等中间产品的分工角色，由于产品不是面向终端大众市场，企业并不为太多人知晓，故而呈现"隐形"企业的特点。总体上，大多数制造业专精特新企业，也具有一定的"隐形"和"冠军"属性。学者们也对隐形冠军企业的成长问题开展了相关研究。[②]

[①] 赫尔曼·西蒙. 隐形冠军：未来全球化的先锋. 张帆，等译. 北京：机械工业出版社，2015.

[②] 雷李楠. 中国制造业隐形冠军：从管理认知到企业成长. 杭州：浙江大学出版社，2019.

第二节 专精特新相关理论

中小企业是我国经济社会发展的重要力量。学者们对中小企业相关问题进行了大量研究，取得了丰硕的研究成果。以中小企业作为关键词，在 CNKI 进行期刊学术论文检索，1986 年至 2021 年，国内学术期刊共发表相关论文 6.5

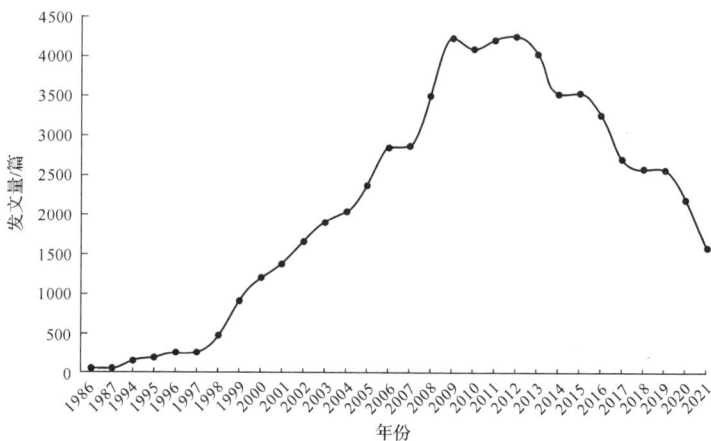

中小企业期刊学术论文发表情况（1986—2021 年）

资料来源：CNKI。

万篇。关于中小企业主题的学术论文数量在 1986 年至 2010 年呈现持续较快增长态势，此后几年关于中小企业主题的学术论文逐年减少，从顶峰年的 4000 多篇下降到 2021 年的 1500 篇左右。但总体上，中小企业目前仍是企业学术研究的重要对象。

我国中小企业主要分布在二、三产业中，中小制造企业对于构建和完善大中小企业分工协作体系和融通发展格局具有重要作用。学者们对中小制造企业相关问题开展了一系列研究。以中小制造企业作为关键词，在 CNKI 中检索学术期刊论文，1998 年至 2021 年共发表学术论文数百篇左右，年度论文发表数量总体上呈现波浪式上升态势。

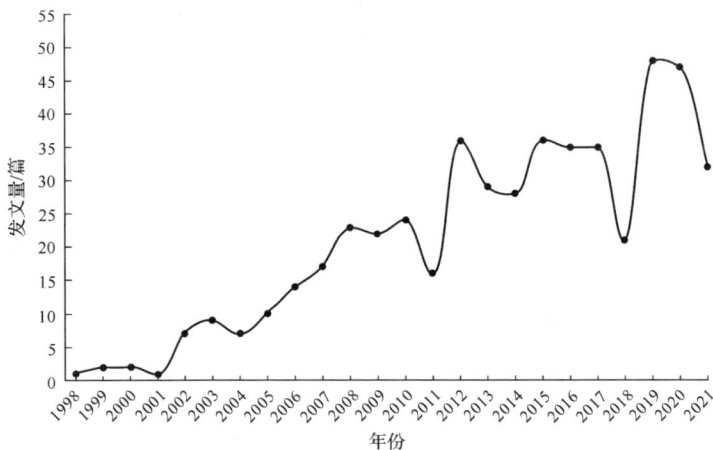

中小制造企业成长期刊学术论文发表情况（1998—2021 年）
资料来源：CNKI。

专精特新企业是广大中小企业发展的战略选择和主要方向。近年来，学者们对专精特新议题开展了一系列研究，在 CNKI 检索期刊学术论文，2000 年至 2021 年共发表近 500 篇相关学术论文。从年度论文发表数量看，2019 年开始，论文发表数量快速增加。这与国家和地方政府近年来高度重视培育专精特新企业的政策趋向比较一致。单项冠军企业是专精特新企业的重要代表，学者们对单项冠军企业的形成与成长等相关问题也进行了一系列研究。[①]

与专精特新企业在学术上比较接近的一个概念是隐形冠军企业。隐形冠军企业研究在国际上有一定的历史，国内学者也开展了一系列相关研究。以隐形冠军作为关键词，2002 年至 2021 年在 CNKI 收录的学术期刊中共有 800 多篇相关学术论文，近年来相关论文发表数量呈较快增加态势。这些研究成果也为培育和壮大专精特新企业提供了有益的学术指导和经验参考。

总体上，中小企业专精特新发展研究越来越受到重视。这是广大中小企业向专精特新企业目标迈进的客观需要，

---

① 郁爱其，林福鑫.单项冠军企业高质量发展的双内驱：创新＋效率.浙江经济，2021(8).郁爱其；培养"四型"人才队伍助力"单项冠军之省"建设.浙江经济，2021(7)；郁爱其，许斌，史煜筠.浙江缘何能成为"单项冠军之省".浙江经济，2021(1)；郁爱其，史煜筠.单项冠军企业的成功密码：专业主义的胜利.浙江经济，2021(5).

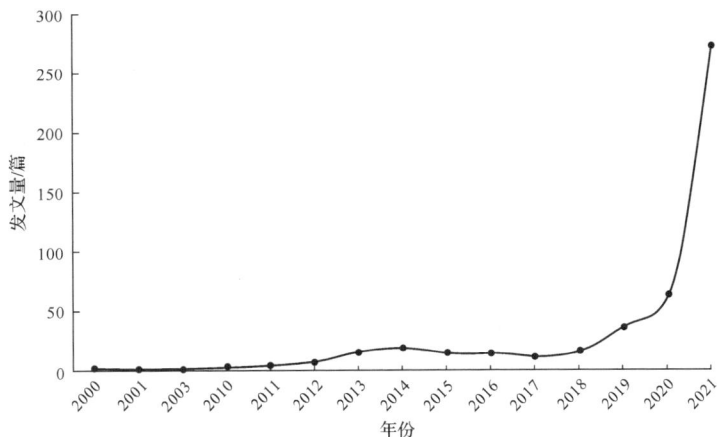

专精特新企业期刊学术论文发表情况（2000—2021 年）

资料来源：CNKI。

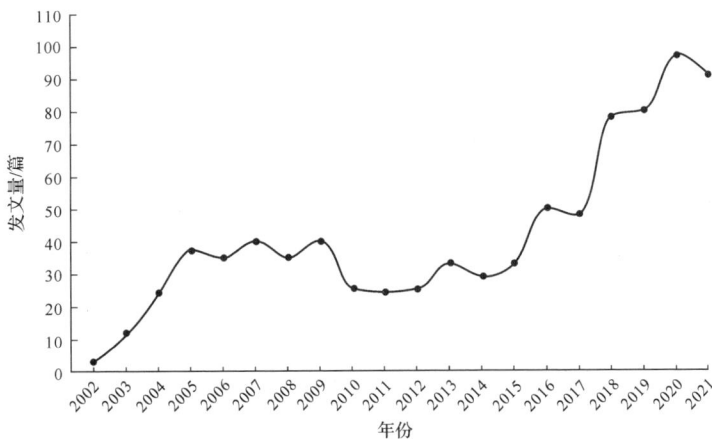

隐形冠军企业期刊学术论文发表情况（2002—2021 年）

资料来源：CNKI。

而广大专精特新企业的发展模式和经验积累也提供了学术创新的机会。

在全球产业链和供应链加快重构、数字技术广泛应用、消费理念和模式深度升级、科技革命持续涌现等背景下，广大中小企业的生存和发展模式正面临着重大机遇与挑战。如何通过专精特新道路实现企业高质量、可持续发展，成为我国中小企业的重要战略选择。从基础理论看，企业核心能力、聚焦战略、价值共创、内生成长等理论可以较好地解释中小企业专精特新发展的底层逻辑，中小企业集群、产业生态系统、区域创新系统、全球价值链等理论也可以提供很好的解释。限于篇幅，本文仅介绍若干基础理论观点。

1. 核心能力理论

企业要想立足市场并实现可持续发展，除了受政策、科技、市场、社会等宏观环境以及产业生命周期、市场竞争态势等行业环境的影响，很大程度上取决于企业自身是否具有竞争力。企业的竞争力可以是多元的，如领先的科技创新能力、突出的品牌影响力、高效的组织管理水平等，也可以是单一的，如卓越的产品性价比。

1990 年，战略管理学者普拉哈拉德和哈默尔在《哈佛商业评论》上发表了《企业核心能力》一文，认为企业持续竞争优势来源于企业的核心能力。[①] 企业的核心能力是企业在长期生产经营中形成的相关知识的积累和组合。由于每家企业有其独特的背景和发展历程，发展过程中累积起来的资源也各具特色，所以，由企业拥有的特色资源构建起来的能力体系是异质性的。这种差异化的能力要素，会使企业产出不同的产品和服务，进而帮助企业形成独特的竞争优势。

许多研究对企业核心能力的概念内涵与理论进展等进行了深入探索。[②] 企业的核心能力主要具有如下基本特征：一是价值性。企业的核心能力应该有助于企业实现客户价值，进而助力企业盈利。如果企业的核心能力不是顾客价值导向的，就无法支持企业为客户创造价值，这种能力要素就缺乏必要的价值性。二是难以模仿性。企业核心能力的形成往往与企业发展的特定过程背景紧密相关，是在企业长期生产经营活动中逐步积累起来的。由于不同企业的发展历程有所差别，所以，企业核心能力的形成往往具有

---

① Prahalad,C.K. and Hamel, Gary. The Core Competence of the Corporation. Harvard Business Review, 1990, May-June.

② 王毅，陈劲，许庆瑞. 企业核心能力：理论溯源与逻辑结构剖析. 管理科学学报，2000(9)；李东红. 企业核心能力理论评述. 经济学动态，1999(1)；夏清华. 从资源到能力：竞争优势战略的一个理论综述. 管理世界，2002(5)；李正中，韩智勇. 企业核心竞争力：理论的起源及内涵. 经济理论与经济管理，2001(8).

很强的情境嵌入性和因果模糊性，竞争者一般难以模仿，这可以帮助企业赢得竞争优势。三是稀缺性。企业核心能力是一种相对竞争者而言较为稀缺的能力要素，竞争者难以从市场上交易获得或通过内部培养等途径来形成类似的能力要素。所以，这种核心能力就构成企业差异化竞争优势的重要基础。四是持久性。企业核心能力可以帮助企业在较长时间内维持竞争优势，而不只是实现短时期的竞争优势。

企业可以采用企业价值链分析方法来识别和培育核心能力。战略管理学者波特教授认为企业价值链分析以企业活动为基础，将企业活动分为主要活动和辅助活动两大类，两大类活动各自又可以细分出具体的活动类型，[①]分析企业所有活动中哪些具体活动对企业的竞争优势发挥着关键性作用，以及如何组合一系列活动帮助企业建立竞争优势。也就是说，企业价值链分析可以帮助企业识别出对企业产品和服务的价值创造起到核心关键作用的活动类型。由于不同企业的核心价值活动不同，企业核心能力也各具特色。如，有些企业的核心能力在于管理能力，包括组织管理、战略管理、人力资源管理等方面；有些企业强在核心技术能力，如技术创新能力、生产制造能力等；有些企业则擅

---

① 魏江，邬爱其，等.战略管理 [M]. 北京：机械工业出版社，2021.

长市场能力，如产品品牌、市场营销等。

企业核心能力的构建并非一劳永逸。而且，核心能力可能会使企业形成较强的路径依赖和能力刚性，无法很好地适应环境变化。由于企业面对的外部商业和科技等环境处于快速变化之中，要求企业对既有的核心能力进行重塑，以适应新的外部环境，尤其是形成与客户价值变化动态匹配的能力要素，否则容易陷入"能力陷阱"。所以，企业需要建立高效的组织学习机制，不断洞察内外部环境的变化，持续获取新的知识元素，并将新旧知识元素进行有机组合，形成符合环境变化要求的新的能力要素，最终促使企业实现可持续发展。

2. 聚焦战略理论

战略管理学者波特教授把企业的竞争战略分为总成本领先战略、差异化战略和聚焦战略三种。[1] 其中，聚焦战略是指企业把经营重点放在一个特定的目标市场，并集中资源为该目标市场提供产品和服务（翁君奕，2009；蓝海林，2000）。[2] 这是一种典型的专业化发展战略思维，其基本假

---

[1] 魏江，邬爱其，等. 战略管理 [M]. 北京：机械工业出版社，2021.
[2] 翁君奕. 从单点到并行：聚焦战略的分化趋势与实现路径. 经济管理，2009(1)；蓝海林. 竞争战略：高差异与低成本的整合. 企业管理，2000(4).

设在于：企业拥有的资源和能力是有限的，只有将有限的资源配置到服务于某一特定的细分市场，才能更高效地服务好目标客户，以实现更优的市场绩效。否则，如果将有限的资源和能力服务于较宽泛的市场范围或客户群体，会形成大而弱的资源配置格局，在特定的细分市场上没有充分的资源来服务好客户需求，最终难以创造出优异的市场绩效。所以，对于中小企业来说，聚焦战略往往是一种更具现实可行性的战略选择，从而构筑起在特定市场领域的独特竞争优势。

企业选择服务特定的细分市场而不是宽泛的市场，可以集中资源深度服务市场，在细分市场领域形成产品和服务差别化或特色化优势。但是，由于细分市场的空间往往相对较小，不太具有由大规模生产所形成的规模经济性，企业的成本领先优势较难产生。所以，聚焦战略大多通过企业提供特色化的产品和服务来提高企业的附加值，最终提升企业的议价能力。

企业实施聚焦战略需要具备一定的内外部条件。在外部条件方面，企业需要存在特定细分市场的需求缺口。也就是说，市场中某一细分客户群的需求尚未得到充分满足。在整体市场都得到有效满足的情况下，聚焦战略没有实施的可能性。但是，即使在高度发达的市场环境中，由于市场需求总处于变化之中，或快或慢，一般会存在一些利基市场仍有待发现和满足。从竞争状况看，由于不同企业采取不同的战略思维和措施，采用总成本领先战略的企业习惯于规模化生产经营，即使已经看到细分的市场缺口，也会不太感兴趣，这为一些企业实施聚焦战略提供了机会。

从内部条件看，企业需要具备深度服务细分市场的耐心和技能，尤其重要的是，企业要能够有效识别特定细分市场的需求及其变化，并围绕这些"小众"市场定制产品和服务，在深度服务特定客户群体中形成专精能力，包括产品研发、生产制造、品质与渠道管理等，持续提高产品和服务的价值，与大众市场的产品和服务形成较高的区隔。也就是说，企业必须拥有在细分市场中构筑较强的进入壁垒的能力，否则，该细分市场也会被潜在的竞争对手所渗透。

成功地实施聚焦战略，可以使企业在细分市场拥有较强的防守能力，赢得较高的盈利水平。但是，由于企业的生产经营活动限定在特定的细分市场中，意味着企业要放弃其他的市场机会。如果既有细分市场的需求发生较大程度的减少，实施聚焦战略的企业往往可能陷入难以持续发展的困境。为此，企业需要敏锐地深度洞察细分市场的需求变化，持续创新产品和提升服务水平，不断提高客户价值创造能力，增强客户对企业的依赖度和忠诚度。同时，企业需要主动挖掘细分市场的衍生需求，探索满足相关市场需求的机会，避免市场突变带来的风险。

3. 价值共创理论

企业的生存和发展建立在为客户创造价值的基础之上。在生产者主导优势明显的时代，价值主要由企业单向创造，客户不是价值的主要创造者，仅是价值的使用者。在此背景下，客户对产品和服务并不具有太大的选择权和议价权，企业提供什么样的产品和服务基本上决定了价值的大小。现如今，市场环境已经发生了很大变化，客户不再只是产品和服务的被动消费者，而可以与企业共同定义产品及其价值，已经成为产品和服务价值的决定者。现实中，企业自身提供的产品再好，如果得不到客户的认可，其价值也就无法产生或达到预期的水平。

市场环境从生产者导向转向客户导向，消费者主权正在不断增强。著名管理学者普拉哈拉德等提出了价值共创理论，即企业未来的竞争力依赖于由消费者与企业共同创造的价值。[1] 消费者乐意将自身的相关知识和技能与企业共享，积极参与企业的产品研发、设计、生产、渠道、服务等过程，协助企业创造产品和服务。学者们对价值共创的

---

[1] 普拉哈拉德，拉马斯瓦米．自由竞争的未来：从用户参与价值共创到企业核心竞争力的跃迁．于梦瑄，译．北京：机械工业出版社，2018.

理论逻辑和研究进展等进行了相关研究，为指导企业实践提供了很好的参考。[①]

一方面，价值共创可以帮助企业与客户互动，深度理解客户需求，增强企业的竞争优势。企业让客户参与共同研发、设计和生产产品，帮助企业改进现有产品，发现新的产品和市场机会，建立以客户为中心的组织体系和文化，提升产品的品质和品牌影响力。客户需求导向的产品和服务，往往更受客户偏好，可以帮助企业实现更优的运营绩效。另一方面，价值共创可以提高客户的满意度和忠诚度。客户有机会参与产品的创造过程，把自身的偏好、意愿、知识和技能等融入价值创造过程中，这会使其产生独特的体验感和成就感，进而增强其购买的意愿。所以，价值共创不仅仅是发挥企业和客户双方的积极性和创造性，还在双方交互协作的过程中增强彼此的情感，叠加创造出新的价值。

价值共创主要发生在产品的设计研发、生产和消费等环节。在产品的设计研发环节，企业可以主动吸引潜在的

---

① 武文珍，陈启杰. 价值共创理论形成路径探析与未来研究展望. 外国经济与管理，2012(6)；李朝辉，金永生. 价值共创研究综述与展望. 北京邮电大学学报（社会科学版），2013(2)；简兆权，令狐克睿，李雷. 价值共创研究的演进与展望——从"顾客体验"到"服务生态系统"视角. 外国经济与管理，2016(9).

客户参与产品创意、原型设计等活动，充分听取和积极采纳客户的想法，并在双方互动中不断优化产品设计，研发出真正符合客户需求的产品。这个环节对企业创新发展至关重要，尤其是处于从生产者中心向客户中心转型的企业。因为真实把握客户的需求是企业赢得市场的前提条件，脱离或远离客户需求的企业，其生产经营活动是无效的，会让企业陷入虚耗资源的窘境。在生产制造环节，企业可以邀请客户作为企业兼职工程师等，后者往往对生产制造活动感兴趣且有一定的知识和技能，可以为企业提出一些合理化建议，提升产品生产制造的效率和品质。在消费服务环节，无论是产品销售渠道、物流配送还是售后维修，客户若提出与优化产品消费和服务交互相关的友好界面和方式，增强消费体验感，有利于帮助企业打造基于客户价值的竞争优势。

尽管价值共创在理论上有助于提升客户对企业的满意度和忠诚度，进而促进企业持续发展，但让客户参与价值创造过程绝非易事，需要企业具备相当强的能力素养。如，企业需要真正坚持客户中心的理念和行为。现实中，一些企业习惯于通过不断强化生产者导向来增强企业的市场势力，以主导市场发展趋势，弱化客户的议价权。与此不同，价值共创理论要求让价值的决定权最终掌握在客户手中，生产经营活动要以客户为中心，需要企业对组织文化、决策机制、管理体系等进行深度变革，这很容易遭到组织惯性和既有利益的阻碍。

4. 内生成长理论

实现持续成长是企业经营管理的一个重要目标。一般来说，企业成长机制主要包括内生成长机制、外部成长机制和网络化成长机制等类型。[①] 不同理论流派对企业成长问题进行了深入解释。如，根据分工理论，企业成长与专业化分工协作水平有很大关系，高水平的专业化分工有助于提高企业的生产经营效率。也就是说，企业通过专业化分工聚焦在自己所擅长的业务领域，不仅可以持续提高在该业务领域的运营效率，还可以通过扩大该特定业务的规模来实现规模经济性。根据新古典经济学，企业根据边际收益与边际成本之间的关系来调整生产规模，当两者相等时可以实现最佳的生产规模，最终实现利润最大化。根据新制度经济学，企业成长的基础动力是减少交易费用，外部交易费用与内部交易费用的比较决定着企业的边界。当外部交易费用较低时，企业将相关业务活动环节委外；当外部交易费用较高时，企业把更多的业务环节纳入内部的生

---

① 邬爱其. 集群企业网络化成长机制：理论分析与浙江经验. 北京：中国社会科学出版社, 2007.

产经营体系。这些对解释企业为什么需要成长以及如何实现成长提供了较好的理论洞察。

著名学者彭罗斯在《企业成长理论》中提出了"企业资源—企业能力—企业成长"的分析思路，认为企业资源和能力是企业成长的基础因素。[①] 根据企业内生成长理论，企业是由土地、机器、设备、工人和经理等一系列生产性资源组成的集合。由于企业内部存在着未被充分利用的相关资源，利用这些未利用的资源可以帮助企业获得更多的利润，这也就成为企业成长的关键动机。

根据"企业资源—企业能力—企业成长"这一企业内生成长机制分析框架，企业内部拥有的资源状况决定了企业的能力水平，企业的人力资源状况影响了企业物质资源的作用大小，因为管理团队的知识和经验有助于企业发现和利用市场机会，市场机会则为企业利用物质资源的功效提供了可能。所以，企业的管理能力决定了企业成长的速度和方式等。管理能力越强，企业越能够将各种内部资源加以有机组合和有效利用，此时资源的功效越可能最大化。[②]

基于企业内生成长理论，企业的成长模式往往是渐进式的。因为企业成长的速度高度依赖企业内部资源和能力的累积和调整，这种累积和调整的过程往往是逐步展开的，

---

① 彭罗斯.企业成长理论.上海：上海人民出版社，2007.
② 邬爱其，贾生华.企业成长机制理论研究综述.科研管理，2007(3).

而无法在较短时间内快速扩张资源和提升能力水平。从企业实践看，企业内生成长大多是对既有业务的逐步深化和拓展，专业化发展是优先的战略选择。值得指出的是，企业内生成长理论更多地强调企业内部拥有的资源和能力的重要性，较少考虑外部环境因素对企业成长的影响，虽然也意识到外部市场机会对企业成长的作用。企业往往处于动态环境之中，市场机会也在不断变化，相关研究认识到企业家发现和利用潜在机会的关键性作用。所以，企业资源是企业能力的基础，企业的管理能力和企业家能力对企业成长起决定性作用。

二

专精特新企业的群体特征

"专精特新"的概念可以追溯到 2011 年提出的《"十二五"中小企业成长规划》，当时只是将专精特新作为中小企业转型升级、转变发展方式的重要途径。之后的一系列政策文件开始强调专精特新为中小企业发展的方向，一些地方纷纷出台相应的培育政策，开始涌现一批区域性专精特新企业。2019 年，工业和信息化部发布第一批专精特新小巨人企业名单，正式从国家层面以"专精特新"的名义认定企业。此后每年发布一批专精特新小巨人企业名单，截至 2021 年 7 月，共发布了三批专精特新小巨人企业名单，合计 4922 家[①]，最终实际认定共计 4762 家。单项冠军企业的认定工作开展得更早些。2016 年，工业和信息化部与中国工业经济联合会公布了第一批制造业单项冠军示范企业名单，并从 2017 年开始在单项冠军示范企业的基础上增加了单项冠军产品名单。此后，每年公布一批单项冠军示范企业和单项冠军产品，并根据动态管理的要求，每三年进行一次评估复核。据此，从 2019 年开始对之前公布的示范企业逐年逐批复核。截至 2021 年底，共公布 6 批次单项冠

---

① 其中 160 家公示未通过，实际认定共 4762 家。

军示范企业和 5 批次单项冠军产品名单，其中，单项冠军示范企业共计 455 家，单项冠军产品企业共计 393 家，六批次累计遴选单项冠军企业（产品）848 家。

第一节　行业分布

专精特新小巨人和制造业单项冠军等概念的提出，旨在为中小企业发展指明方向，优先聚焦制造业短板弱项，培育一大批专注于细分市场、技术或服务出色、高市场占有率的小巨人和单项冠军，在部分细分关键领域内实现"补短板""锻长板"。行业分布的特点充分体现了政策意图。

从行业领域来看，根据工业和信息化部公布的前三批专精特新小巨人企业名单，这些小巨人企业在高端装备制造领域有 1000 家，约占全部小巨人企业的 21%；新一代信息技术领域有 829 家，约占 17%；新材料领域有 802 家，约占 17%。三大行业领域企业总数共计 2631 家，占比超过一半。再看具体细分领域，这些小巨人企业主要分布在汽车零部件及配件制造、电子设备制造、通用设备制造、电阻电容电感原件制造等制造业。同时，一些小巨人企业属于面向先进制造的科技和服务业，如工程及技术研究和试验发展、科技推广服务业等。总体上，主要集中在工业"四基"领域——核心基础零部件、元器件，关键基础材料，先进基础工艺，产业技术基础。

制造业单项冠军企业主要分布在汽车零部件及配件制造、工程和技术研究及试验发展、基础化学原料制造、化学药品原料制造、非金属矿物制品制造、变压器整流器和电感器制造等细分行业。

专精特新上市公司群体是专精特新企业的重要力量。截至 2021 年底，在 A 股上市的单项冠军示范企业和单项冠军产品企业共 330 家 [①]，专精特新小巨人企业共 365 家 [②]，总计达到 659 家。从 659 家上市专精特新企业的行业分布看，制造业企业共 616 家，占总数的 93%，信息传输、软件和信息技术服务业企业 24 家，占 4%，两大行业合计占了总数的 97%，其他行业的企业占比较低。此外，小巨人企业中，属于制造业的企业占比相对低于单项冠军企业，信息传输、软件和信息技术服务业企业则明显多于单项冠军企业数。

从细分行业领域看，专精特新上市企业主要集中在机

① 单项冠军示范企业和单项冠军产品企业存在部分重合，此处为归并后的企业数量。

② 365 家专精特新小巨人上市公司中，36 家同时为单项冠军企业或者单项冠军产品企业。在本文的分类统计和比较分析中，这 36 家归入前两类计算，因此专精特新小巨人企业的统计类别中，实际数量为 329 家。后面的比较分析均按照 329 家计算。没有特别说明的话，后文专精特新小巨人企业均为前三批的相关数据分析。

械、化工和电子设备、仪器和元件等三大领域，分别有 137
家、93 家和 83 家，企业数量占全部专精特新上市企业的
47.5%。电气设备、金属、非金属与采矿和汽车零部件等细
分行业领域也有较多数量的专精特新上市企业，占比达到
22.7%。此外，半导体、制药、通信设备、医疗设备、生物
技术等高新技术行业或"卡脖子"技术领域也涌现出一批
有实力的专精特新上市企业。

第二节 区域分布

在工信部公布的三批专精特新小巨人企业名单中，浙江省共有470家，总数位居全国第一，比排名第二的广东省（429家）多出41家，是名副其实的专精特新小巨人企业大省。位居第三和第四的山东省、江苏省分别为362家和285家。四个工业大省占据了榜单前四，小巨人企业数量合计占全国总数的32.47%。

从小巨人企业的城市分布看，北京和上海两个城市的小巨人企业数量领跑全国，宁波则以182家位居全国城市第三，在非直辖市中列第一位。深圳的小巨人企业数量也较多，位居全国城市第四，天津、重庆、成都、青岛、厦门、东莞依次是小巨人企业数量全国前十的城市。西安、长沙、广州、合肥、郑州、大连、杭州、沈阳、温州等也是小巨人企业数量较多的城市。

在小巨人企业数量较多的浙江省，各个城市都有一定数量的小巨人企业，但主要集中在宁波、杭州和温州等城市。在小巨人企业发达的宁波市内的县（市、区），鄞州区、慈溪市、镇海区和北仑区的小巨人企业数量超过了全国相当多地级市的水平。

在截至 2021 年底认定的 6 个批次、848 家单项冠军企业（产品）中，浙江、山东和江苏处于领跑位置，三个省份合计共有 416 家单项冠军企业（含产品），占据了将近全国一半的名额。其中，浙江省共有 149 家入选，山东和江苏分别以 145 家和 122 家位居第二和第三。广东省位居第四，共有 85 家单项冠军企业（含产品），数量排名在之后的北京、福建、河南、上海等地企业数量与前四个省份相差较大。可以说，在省域层面（含自治区和直辖市），浙江、山东、江苏和广东等四个传统经济强省构成了单项冠军企业的"第一梯队"，引领着全国发展。

按照城市维度统计，宁波市的单项冠军企业数量达到 63 家[①]，其中单项冠军示范企业 35 家、单项冠军产品企业 28 家，总数超过深圳、北京、上海、杭州等城市，是全国所有城市中单项冠军企业数量最多的城市，被称为"单项冠军之城"。常州、青岛、苏州、淄博、南通、潍坊、天津、广州、长沙、烟台等城市的单项冠军企业数量较多。在浙江省内，除宁波和杭州之外，绍兴、嘉兴、温州、台州和

---

① 《2021 年宁波市国民经济和社会发展统计公报》。

湖州的单项冠军企业数量也较多，在全国城市中有一定领先优势。

专精特新上市企业主要分布在我国的 27 个省（自治区、直辖市），其中，浙江、江苏和广东三省的上市企业数量依次位居前三，浙江省 103 家，江苏省 102 家，广东省 83 家，三省合计占比达到 43.7%，以较大的数量优势领先其他地区，形成专精特新上市企业的第一梯队。山东、上海、北京、安徽等四个省、市的上市专精特新企业数在 30 家以上，福建、四川、河南、湖南等省的上市企业数在 20 家以上。

专精特新上市企业数量分布与区域经济发达程度有较高的相关性。如，2021 年地区生产总值排名前五依次为广东、江苏、山东、浙江和河南，在专精特新上市企业数量的排名则依次为浙江、江苏、广东、山东和上海。虽然两个系列前四名排序有差别，但四大经济强省的结构比较稳定。此外，国内生产总值排序前 15 的省（自治区、直辖市）中，13 个地区的专精特新上市企业数量排名进入前 15 名。

专精特新企业的发展，既依托嵌入其中的区域产业生态体系，也离不开区域发展政策和环境助力。从城市层面看，专精特新上市企业数量排名前 10 的城市，分别是深圳、上海、北京、宁波、杭州、成都、苏州、常州、合肥、广州和南京（与广州并列）。其中，长三角地区城市占据了前 10 城市的 6 席。这些城市都很注重培育发展专精特新企业，在 2019 年国家评定小巨人企业之前纷纷出台了相关的培育政策，因此，专精特新企业的发展也自然是瓜熟蒂落，全国领先。

专精特新上市企业总量排名前 20 城市（单位：家）

排名	城市	专精特新企业总数	单项冠军示范企业	单项冠军产品企业	专精特新小巨人企业
1	深圳	49	10	19	20
2	上海	43	3	8	32
3	北京	39	8	8	23
4	宁波	26	11	13	2
5	杭州	23	12	2	9
6	成都	20	3	1	16
7	苏州	20	3	4	13
8	常州	18	6	5	7
9	合肥	15	4	1	10
10	广州	14	4	4	6
11	南京	14	4	1	9
12	天津	12	3	4	5
13	武汉	10	7	1	2
14	厦门	10	1	3	6

续 表

排名	城市	专精特新企业总数	单项冠军示范企业	单项冠军产品企业	专精特新小巨人企业
15	无锡	9	1	3	5
16	西安	9	2	1	6
17	绍兴	9	5	2	2
18	长沙	8	–	3	5
19	淄博	8	6	–	2
20	湖州	7	5	–	2

资料来源：根据公开资料整理，前三批专精特新小巨人企业。

第三节　企业年龄

需要经过专业领域的深度聚焦和长时间积累，企业才可能形成专业化、精细化、特色化和新颖化的鲜明特色，并在细分领域取得领先地位。如，宁波水表（集团）股份有限公司主要从事一系列以智能水表为核心产品的各类智慧水务终端设备、智慧水务大数据服务系统与平台的研发、生产和销售，是智慧水务服务一体化解决方案的提供商。其前身为成立于1958年的宁波综合仪表厂，经多轮变更或转制，于2019年在上海主板上市，在智能水表等核心产品的研发上沉淀了数十年的经验积累，最终其智能水表被评为第六批单项冠军产品。

经年累月的潜心打磨是专精特新企业的标志之一。对659家专精特新上市企业的统计分析显示，按企业设立时间开始计算，总体上，企业的平均持续经营时间达19.4年，最短的也有 5 年之久。^① 其中，单项冠军示范企业和单项冠军产品企业的持续经营时间相对更长，平均分别达 20.62 年和 21.14 年，小巨人企业的年龄相对小些，但平均企业年龄也达到了 18 年。

此外，从企业成立到上市的平均时间看，专精特新小巨人企业达 14.70 年，略高于单项冠军企业的 11.41 年。一定程度上可以看出，专精特新小巨人企业更专注于特定产业领域的发展，与小巨人企业的专精特新的特色和定位一致。

① 截至 2021 年底，上市专精特新企业中成立时间最晚的为厦门厦钨新能源材料股份有限公司，其前身厦钨新能源材料有限公司设立于 2016 年，实际为厦门钨业剥离设立的全资子公司。因此，如追溯其业务经营时间，实际经营已经超过 5 年。

第四节 企业规模

1. 资产规模

专精特新企业群体在资产规模上有较明显的分层。以专精特新上市企业为例，企业平均资产总额为 100.5 亿元，但是，小巨人企业和单项冠军企业的规模差别较大。其中，单项冠军示范企业平均资产规模为 192.44 亿元，小巨人企业平均资产规模为 19.88 亿元，约为单项冠军企业的 1/10。

如果把专精特新企业分成单项冠军企业和小巨人企业两类，分别看同类型企业之间的规模差异，可以发现，相对于单项冠军企业，小巨人企业之间的资产规模差异较小。截至 2021 年 12 月 31 日，单项冠军上市企业中，总资产规模最大的企业达到 4242.57 亿元，是同类企业中规模最小企业的 1082 倍。但在小巨人上市企业中，总资产规模最大的为 205.72 亿元，是同类企业中规模最小企业的 123 倍。

专精特新上市企业的净资产规模也呈现明显相似的分层。在上市企业中，单项冠军示范企业的平均净资产规模为 86.38 亿元，单项冠军产品企业为 81.12 亿元，小巨人企业为 13.15 亿元，约为前二者的 1/6。同类型企业中净资产规模最大的企业和最小的企业相比，单项冠军示范企业和单项冠军产品企业分别为 557 倍和 808 倍，而小巨人企业则为 97 倍，企业之间的净资产规模相对更为接近。

专精特新上市企业总体上规模成长都比较快。以 2021 年度的资产规模同比增长为例，专精特新企业整体的总资产规模和净资产规模分别同比增长了 33.79% 和 39.26%。但是企业之间的增速也有分层现象，小巨人企业的资产规模虽然相对较小，但资产规模增长速度明显快于单项冠军企业。2021 年度小巨人企业的总资产和净资产的同比增长率分别达到 46.12% 和 55.16%，是单项冠军企业增速的两倍左右。

2. 市值规模

上市企业的市值更多反映了投资者对公司价值的看法，是一种包含了盈利性和成长预期的市场估值。参照证监会对上市公司市值的算法计算[①]，截至 2021 年 12 月 31 日，659 家专精特新上市企业的平均市值为 237.88 亿元，但企业

---

① 总市值 =A 股收盘价 ×（总股数－H 股－海外上市股－B 股合计）+B 股收盘价 × 人民币外汇牌价 ×B 股合计。

之间的市值规模差异较大。这种差异体现在两个方面：首先，不同类型的专精特新上市企业之间的市值相差较大。单项冠军上市企业的平均市值为 421.61 亿元，小巨人企业的平均市值为 96.16 亿元，约为前者的 1/4。这种市值规模的差别，一定程度上客观反映了不同类型专精特新企业的成长阶段特征。但是，相对于总资产规模 10 倍和净资产规模 6 倍的层际差异，单项冠军企业和小巨人企业之间市值规模的差异相对较小，说明投资者对小巨人企业的未来成长期望更高。两类企业平均市盈率的差异可以更加直观地反映出投资者对其估值的差异，单项冠军上市企业的平均市盈率为51.48，而小巨人上市企业的平均市盈率达到了 80.56。其次，同一类型专精特新上市企业之间的市值差距也较明显。单项冠军上市企业的市值规模最大和最小之间相差 953 倍；小巨人上市企业最大市值为 2637.35 亿元，最小为 8.86 亿元，两者相差 297 倍。

3. 员工人数

雇员规模是企业规模的重要维度。员工规模的大小，一方面与企业从事的产业和产品属性以及生产技术水平相关，另一方面与企业所处的发展阶段有关。随着企业的成长和业务规模的扩大，需要更多的人员从事相关业务，通过各专业人员的分工协作保障企业复杂系统的运行。截至 2021 年底，专精特新上市企业（包括并表的下属子公司）的平均雇员人数达到 4111 人，其中，母公司的平均员工人数为 1670 人。小巨人上市企业的员工规模相对小一些，平均为 960 人，与单项冠军示范企业（8402 人）和单项冠军产品企业（5750 人）相比有明显差距。但是，单项冠军企业和小巨人企业在不同企业层级上的雇员规模差异是不一样的。在母公司层面，单项冠军企业和小巨人企业平均员工人数分别为 2590 人和 499 人，两者之间的差异比企业总体之间的差异相对较小。随着企业的发展，部分业务通过设立子公司的方式逐渐剥离，母公司通常仅保留总部管理职能及部分核心业务的经营，因此雇员规模的增长相对缓慢。

第五节　企业上市

　　截至 2021 年 12 月 31 日，A 股上市的专精特新企业总计 659 家，约占 A 股上市公司总数的 14.3%。这些上市企业分布在不同的板块。

　　沪深主板是专精特新企业群体最主要的上市板块。共有 300 家上市公司在沪深主板上市，占专精特新上市公司总数的 45.5%；其次为创业板，共 209 家，占总数的 31.7%；科创板上市 134 家，占总数的 20.33%。按照我国证券市场建设的初衷，创业板主要服务成长型企业，科创板是专为科技型和创新型中小企业服务的板块，这两个板块所侧重面向的目标企业更符合专精特新企业的属性，因而近年来上市公司数量增长较快，两个板块合计上市企业数量已占到专精特新上市企业总数的 52%。北京证券交易所旨在探索资本市场有效服务中小企业和科技创新的改革举措，其目标定位就是培育一批专精特新中小企业。但因为开板时间较晚，目前上市企业数量相对较少。

不同类型专精特新上市企业，在上市板块的选择上存在一些差异。单项冠军企业更青睐于沪深主板，单项冠军示范企业和单项冠军产品企业分别有 127 家和 92 家在沪深主板上市，占比均超过 60%，另有超过 20% 的企业在创业板上市，而在科创板上市的占比仅为 10%。专精特新小巨人企业则主要在创业板和科创板上市，分别为 132 家和 100家，两个板块上市的小巨人企业数量占全部上市小巨人企业的 70.52%，另有 81 家在沪深主板上市。北京交易所的开板则为小巨人企业提供了新的上市通道，其上市数量增长势头很猛。截至 2021 年 12 月 31 日，在北京交易所开板不到两个月的时间内，共有 16 家专精特新企业上市，均为专精特新小巨人企业。

第六节　低调内隐

　　专精特新企业大多是 To B 的制造企业，作为特定的原材料、零部件等生产企业存在于产业链中，其往往扮演着配角，产品大多不是面向终端市场，并不为大众所知晓，媒体报道也较少，显得十分内隐低调。所以，专精特新企业往往是典型的隐形冠军企业。以浙江省 1297 家隐形冠军企业（相当多企业属于一般专精特新企业）作为分析对象，据不完全统计，从这些企业成立至 2021 年 11 月 6 日，平均每家企业有 166 次新闻报道。其中，75.9% 的企业新闻报道数在 50 次以内，52.3% 的企业新闻报道数在 10 次以内，有 100 家左右的企业没有新闻报道。一些 To C 的企业和上市公司，由于市场营销、品牌宣传、资本运营等需要，新闻报道相对多些。

三

专精特新企业的竞争优势

第一节　竞争优势表现

竞争优势是企业相对于竞争对手表现出来的一种比较优势。竞争优势的外在表现体现在企业与竞争对手相比较具有更强的盈利能力、更好的成长性、更强大的市场领导地位和更好的抗风险能力等。为更好地了解专精特新企业群体的竞争优势、特点，我们以除 659 家专精特新上市企业以外的全部 A 股上市公司为初步比较对象构建对照组，并按照专精特新上市企业的行业分布，把对照组中无关行业的企业剔除，最终得到包含 2953 家 A 股上市公司的对照组企业。后文中的比较分析，均是指专精特新上市企业与这些对照组上市企业之间的比较。

1. 盈利能力更强

企业的盈利性体现在两个方面：一是盈利水平高低，如投资回报率、销售利润率等，这是盈利能力的重要表征。

二是盈利质量好坏。如果盈利是稳定的、可持续的，说明企业的盈利质量好，盈利能力是真实可靠的；相反，如果不同年份企业盈利存在大幅度波动，或者利润主要来自非主要生产经营活动的偶尔性利润，则说明利润的质量有欠缺，缺乏可持续性。

（1）盈利水平更高

专精特新企业的盈利水平具有明显优势。首先，从企业盈利和亏损面看，根据各公司 2020 年度合并财务报表披露的净利润统计[①]，在全部样本 3612 家上市企业中，亏损企业数量为 439 家，亏损面 12.15%。其中，专精特新上市企业亏损 33 家，亏损面 5.01%，对照组企业亏损 406 家，亏损面 13.85%。专精特新上市企业中，小巨人企业的盈利表现尤为突出，亏损面仅为 3.95%，低于专精特新企业的总体水平。

其次，从生产经营中投入资产的回报率看，专精特新企业表现出更强的获利能力。2020 年，专精特新上市企业的总资产报酬率[②]平均约为 10.24%，超过对照组企业近 4 个百分点，领先优势比较明显。其中，小巨人上市企业的表现更为出色，比对照组上市企业高出了 5.3 个百分点。总资产报酬率反映了企业涉足的业务领域的投资和经营回报，

---

① 报表财务数据来自 WIND 咨询，统计数据经笔者计算整理。
② 总资产报酬率中，报酬均按照息税前利润（EBIT）计算，即总资产报酬率 ROA=EBIT×2/（期初资产总额＋期末资产总额）。

与企业介入的产业环节和细分领域高度相关。专精特新企业从事的业务领域较多为进口替代或"卡脖子"产业的关键领域，这些领域的产品往往具有较高的附加值和较低的国内供给能力。例如，小巨人企业卓胜微聚焦在半导体芯片设计领域，主营射频集成电路领域的研究开发和销售。随着对"卡脖子"产业的关注度提升和芯片需求的暴涨，公司总资产报酬率逐年提高，2020 年达到 48.37%，盈利能力突出。

再次，股东投资报酬率显现出同样的明显差别，专精特新企业的净资产收益率（ROE）更加突出。例如，2020 年，专精特新上市企业的净资产收益率平均为 13.21%，比对照组上市企业平均高出约 6 个百分点，领先优势比总资产报酬率更为明显。如果把净利润中因非经常性业务带来的那部分影响剔除，进一步比较扣非后的净资产收益率，更能看出企业真实的盈利能力。专精特新企业的扣非后净资产收益率为 11.30%，比对照组企业高出 6.73 个百分点，领先优势进一步加大。此外，2020 年的数据显示，从净资产收益率到扣非后的净资产收益率，专精特新企业下降了 1.9 个百分点，而对照组企业下降了 2.7 个百分点。所以，从综合净资产收益率和扣非后净资产收益率两个指标的比较可以看出，专精特新企业不仅具有更强的盈利能力，且受非经常性因素的影响相对更小，盈利性更加稳定。这种强而稳定的盈利能力，是"专精特新"带来的明显优势，因为专业经营和精益管理，以及在创新能力支持下形成的不可替代的核心竞争力，赋予了较高的产品唯一性和企业议价权。以小巨人企业杭州安旭生物科技股份有限公司为例，公司专注于POCT试剂及仪器的研发、生产与销售，扎根体外诊断行业，培育了在POCT国际市场能够与跨国体外诊断行业巨头竞争的能力，借助行业的发展机遇和基于研发能力构筑的护城河，2020年净资产收益率达到133.3%，扣非后净资产收益率为132.5%。

从净资产收益率动态变化的视角能更清楚地看出企业之间盈利能力稳定性的差别。纵观2016年至2020年的样本企业净资产收益率，无论专精特新上市企业还是对照组企业，都有不同程度下降。但总体上，前者的净资产收益率在五年中每年均高于对照组上市企业，而下降的幅度则前者明显低于后者。2016年和2020年，专精特新上市企业的净资产收益率分别是15.14%和13.21%，下降了1.93个百分点，而对照组上市企业同期为11.71%和6.78%，下降了约5个百分点。很显然，专精特新企业在面对市场环境不利变化时，其盈利能力相对更为稳定。

此外，单项冠军企业和小巨人企业之间的盈利能力和稳定性也有一定差别，小巨人企业表现相对更好一些。例如，2020年小巨人企业的净资产收益率为14.74%，领先单项冠军企业 2 个百分点。2016 年到 2020 年，小巨人企业的平均净资产收益率从 16.32% 下降到 14.74%，下滑了 1.58 个百分点，而单项冠军企业则从 14.16% 下降到 11.51%，下滑了 2.65 个百分点，降幅比小巨人企业大。

（2）盈利质量更优

企业的盈利性不仅仅表现在盈利的多少，更要看利润结构是否合理，利润是否可持续，以及利润能否安全地兑现成现金。[①] 所以，需要解析企业的盈利质量，才能更清楚地看出企业真实盈利能力的强弱及其可持续性。

企业的利润总额可以分拆成经营活动净收益、价值变动净收益和营业外收支净额。其中，经营活动净收益是企业生产经营净收入减去生产经营成本和运营成本后的收益，反映企业通过业务经营获取利润的能力。经营活动净收益是企业获利能力可持续的保障。价值变动净收益包括投资净收益、公允价值净收益、汇兑净收益等，其发生额取决于被投资对象的收益质量、国内外金融市场的变化、市场情绪等因素，具有不确定性，可持续性相对较差。营业外收支净额是企业正常经营活动以外的各项收入与支出相抵后的余额，也就是与企业的生产经营无关的收入和费用，

---

① 会计核算上，利润采用权责发生制原则进行核算，这导致企业的利润可能只是账面上的利润，没有转变成现金。事实上，这种"账面利润"存在一定的不确定性，只看利润可能给人一种"好"的假象。

因此既非企业利润的主流成分，发生额也不具有可持续性。因此，一个健康的有可持续盈利能力的企业，利润总额中经营活动净收益的比重通常比较高，后者是企业盈利质量的重要体现。

专精特新企业的盈利结构较对照组企业更为合理。2020年，专精特新上市企业经营活动净收益占利润总额的平均比重约为64%，比对照组上市企业高出23.6个百分点。反观对照组企业不到50%的比重，数据表明专精特新企业的利润主要来自主营业务收入和其他业务收入，盈利结构较对照组企业更加健康，主营业务的盈利能力相对更强。此外，专精特新上市企业扣除非经常性收益[1]后的净利润和净利润[2]之比为75.39%，也大幅领先对照组上市企业的59.59%，说明专精特新企业受非经常性事件的影响较小，也进一步证实了其盈利具有更好的稳定性和可持续性。在专精特新企业中，小巨人企业的两项指标都显露出更大优势，经营活动净收益占利润总额比重和扣非后净利润与净利润之比分别为77.40%和81.11%，总体优于单项冠军企业，并更大幅度领先于对照组企业，体现出很强的盈利能力。例如，

---

[1] 非经常性损益是指公司发生的与经营业务无直接关系，以及虽与经营业务相关，但由于其性质、金额或发生频率，影响了真实、公允地反映公司正常盈利能力的各项收入、支出。

[2] 净利润为归属母公司股东的净利润，不含少数股东利润。

振江股份、华神科技、德瑞锂电等小巨人企业，2020 年的经营活动净收益占利润总额的比重都超过 100%，扣除非经常性损益后的净利润都大于净利润，其中振江股份的扣非净利润与净利润之比超过了 1.5。

从企业扣除非经常损益后净利润占净利润比例的动态变化看，2016 年至 2020 年，专精特新上市企业的指标从84.22% 下降到 75.38%，盈利质量稍有下降，但降幅明显低于同期对照组上市企业（从 2016 年的 67.43% 下降到 2020年的 58.05%）。

2. 成长能力更强

企业成长是一个多维的概念，可以体现在规模维度，如资产规模、雇员规模的增长，也可以体现在业绩维度，如营业收入、市场占有率、利润的提升等。无论规模增长还是业绩提升，都是企业竞争优势的重要外在表现。

（1）资产规模快速增长

近年来，企业外部环境复杂多变，尤其从 2018 年开始，国家在去杠杆政策的推动下不断收缩流动性，同时叠加中美贸易战、新冠疫情等事件的冲击，国际经济环境发生了深刻变化，经济下行压力不断加大，企业发展面临极大挑战。从国内生产总值的增长趋势变化可以管窥外部经济环境的变化。最近五年，2016 年至 2018 年，总体经济相对较稳定，全国 GDP 增长率分别为 6.80%、6.90% 和 6.70%，2018 年增速开始下滑，2019 年和 2020 年分别为 6.0% 和 2.3%，我国 GDP 增长速度明显进入调整周期，这种变化是国民经济对国内外复杂环境变化的综合反应。

对企业而言，逆境更能体现优质企业的竞争力。2016 年至 2020 年，上市公司总资产规模普遍增长，年均复合增长率达到了 18.53%。但企业成长的速度出现明显的分化，对照组上市企业的年均复合增长率为 17.4%，而专精特新企业年均复合增长率达到了 23.98%，后者比前者高 6.58 个百分点，专精特新企业强大的成长优势从数据可见一斑。其中，小巨人企业的成长性表现更强劲，达到年均增长 28.11%，增速高于单项冠军企业。如小巨人企业极米科技，2016 年至 2020 年，总资产规模保持年均 74% 以上的高速增长。单项冠军示范企业晶澳科技在五年间总资产同比增长分别为 107.91%、75.99%、36.30%、46.90% 和 30.74%，每年都实现较快增长。

宏观环境变化带来的企业成长压力在 2018 年以后更加明显，这种环境压力推动并加快了企业成长分化的进程。对比 2016 年至 2020 年五年复合增长率和 2018 年至 2020 年三年复合增长率，对照组上市企业分别为 17.40% 和 16.30%，增长态势的总体变化与宏观经济形势变化相一致，随着

2018年以后的经济下行趋势，企业的资产规模增长速度也开始下滑。但是，专精特新上市企业的三年复合增长速度反而高于五年增速，分别为25.41%和23.98%，显现出这个企业群体在经济下滑的不利环境中反而逆势更快速增长，体现出强大的成长能力。小巨人企业在这方面的表现更加突出，其五年复合增长率平均为28.11%，而三年复合增长率平均达到30.36%，提高了2.25个百分点。例如，电踏车电机和传感器龙头企业八方股份、锂电池隔膜行业龙头企业恩捷股份等，2018年后的三年间总资产规模分别实现83.62%和116.10%的复合增长，增速均高于其在2016年至2020年的五年复合增长率。可见，专精特新企业尤其小巨人企业在面临短期冲击的情况下，能够很快恢复增长态势，具有很强的复原力。

企业总资产规模的增长，可以来自加杠杆的债务增长，也可以来自增资扩股的权益增长，或者盈利驱动的内生增长。从企业健康成长的角度看，无论哪种方式的成长，可持续成长的内核必然是盈利能力的驱动，反映在财务指标上，企业的净资产收益率、净资产规模增长和总资产规模增长等具有内在一致性。考察2020年样本企业的资产规模增长状况可见，各个类型企业的盈利性与资产成长性之间都呈现出高度一致的态势。2020年，对照组企业和专精特新企业的净资产收益率（ROE）分别为7.25%和13.21%，专精特新企业中小巨人企业为 14.74%，与此相应，专精特新企业的总资产规模同比增长率（23.98%）和净资产规模同比增长率（25.32%）显著高于对照组企业（后者分别为16.87% 和 17.40%），且专精特新企业的两个增长率与净资产收益率之间的差值与对照组企业的差值基本相等，数据印证了增长速度与盈利能力之间较高一致性的内在逻辑。可以看出，专精特新企业正是以较强的盈利性为基础，驱动企业实现更快的规模增长。

（2）经营业绩显著提升

从企业成长的视角看，市场竞争的外显结果一方面体现在市场绩效上，如企业营业收入的增长、市场占有率的提升等；另一方面体现在财务绩效上，如利润增长、每股收益的提高等。

专精特新企业的市场绩效优势明显，营收规模增长快速。比较专精特新上市企业和对照组上市企业在 2016 年至2020 年营业总收入的复合增长率，专精特新上市企业五年间保持年均 21% 的高速增长，领先其他企业 6.6 个百分点。2018 年后的领先优势更为明显，专精特新企业三年复合增长率平均为 20.44%，领先对照组企业约 8 个百分点。专精特新企业中，小巨人企业依然显示出强劲增长的势头，五年复合增长率和三年复合增长率分别达到 22.87% 和 23.78%。值得注意的是，2018 年后的三年复合增长率比五年平均增速更高，在其他类型企业（包括单项冠军企业）都低于五年复合成长率、总体增速下降的大环境下，小巨人企业一枝独秀，逆势快速成长。

从2016年至2020年的营业收入每年同比增长率的波动态势能更清晰看出经营业绩提升方面的竞争优势。相对于对照组企业，专精特新企业每年基本保持了12个百分点以上的优势。[①] 此外，五年内营业收入同比增长率的波动特征显示，两类企业在2017年到2019年，营收同比增速保持同步下滑的态势，但到了受新冠疫情影响严重的2020年，对照组企业依然保持增速下滑态势，仅实现5.24%的同比增长，但专精特新企业出乎意料地总体实现了41%的营收增长，成功逆势反转。

专精特新企业之所以能保持经营业绩提升并实现逆境成长，与这些企业的专业化、特色化和新颖化的优势，以及能抓住行业发展机遇的战略能力紧密相关。例如，欧林生物是一家成立于2009年，并于2021年6月在科创板上市的专精特新小巨人企业，主营人用疫苗研发、生产及销售。公司在国内率先开辟破伤风疫苗疾控中心市场，聚焦人用

[①] 复合增长率和同比增长率均为各类型企业的平均值，为防止一些过大或过小的异常数据对均值计算的影响，在统计中按照统计规则剔除了异常数据，每年的样本数量也有差别，因此五年同比增长率和五年复合增长率之间不能相互简单换算，为分别求解的结果。

疫苗细分领域，利用先发优势，近五年营收保持年均277%的增长。同样，汇宇制药是一家2010年成立、2021年10月在科创板上市的抗肿瘤和注射剂药物的研发、生产和销售企业，注射用培美曲塞二钠和注射用阿扎胞苷两个品种在2021年的国内市场销量均为第一。[①]2018年至2020年营业总收入分别为0.54亿元、7.07亿元和13.64亿元，三年复合增长率达360.35%。当然，企业的高成长也与行业因素有关。

　　在企业营业收入增长的同时，专精特新企业的财务绩效也体现出明显优势。财务绩效是企业竞争优势的最终体现，其中净利润是财务绩效的核心指标，净利润的增长是企业财务绩效成长的标志。考察企业2018年至2020年的三年净利润复合增长率，在数据完整的3604家上市企业中，净利润复合增长率为正的企业共有2316家，占全部企业的64.21%。其中，专精特新上市企业中，净利润复合增长率为正的企业占比为76.37%，较对照组企业领先12.16个百分点。可见，净利润正增长的企业数量的相对规模，专精特新企业明显领先于其他企业。这一指标，专精特新企业中，小巨人上市企业的占比达到82.87%，比单项冠军上市企业高出15个百分点，财务业绩成长性显然更胜一筹。

---

① 医药魔方、四川汇宇制药股份有限公司2021年年度报告。

进一步考察企业的利润增长幅度。在利润实现正增长的企业中，2018 年至 2020 年，对照组上市企业的净利润同比增长率分别为 −16.22%、−47.27% 和 −73.62%，净利润规模出现加速下降的态势；专精特新上市企业的同比增长率则分别为 48.53%、43.64% 和 115.81%，净利润的三年复合增长率达到年均增长 18.05%，其中小巨人上市企业更是达到年均增长 27%。这表明专精特新企业的利润水平并没有受外部环境的不利影响，近年来始终保持了稳定的较高速度增长，尤其在疫情影响最大的 2020 年，更是实现 115% 的快速增长。反观对照组企业，2020 年净利润同比增长率为 −73.62%，两类企业净利润增长出现严重背离。经济下行加速了专精特新企业和对照组企业的背离式分化增长趋势，这不仅反映出前者强大的成长能力，也一定程度表明专精特新企业在稳定资本市场乃至国民经济发展中的重要贡献。

3. 市场地位更高

竞争优势和企业的行业地位、市场影响力有很高的关联度。具有竞争优势的企业往往具有较高的市场影响力，在产品定价、制定行业标准、引领行业发展等方面都发挥领导作用。在市场从最初的高速成长逐渐转向稳定乃至趋于饱和的过程中，企业的侧重点也将随之调整。市场空间大、高速发展阶段，企业注重攻城略地，以营收的快速增长、提高市场占有率为主要目标，当市场发展转向稳定时，具有较强竞争力、处于优势地位的企业，关注的焦点应转向质的提升，注重效率和效益。事实上，规模扩张和市场占有率的提高到一定程度后将不可避免出现边际递减现象。因此，优势企业更多地把注意力放在如何发挥技术创新能力、定价能力、成本控制能力等各方面的综合能力优势，一方面着力增强企业的盈利能力，另一方面利用自己在行业中的地位和市场影响力，通过制定行业标准、战略性产品定价等方式建立行业进入门槛、维持市场稳定。具有较高市场地位的企业，除了制定行业标准等行为层面指标外，财务上主要表现出利润的增长速度高于营业收入的增长速度。从 2020 年的统计数据看，专精特新上市企业净利润的同比增长率较营业收入同比增长率高出 20.21 个百分点，相反，同期对照组企业则为 -14.66 个百分点。数据表明，相对而言专精特新企业群体在行业中的领先地位比对照组企业更加突出。例如，广州天赐高新材料股份有限公司是一家具备锂离子电池电解液全产业链的企业，是特斯拉、宁德时代等国内外大企业的主要供应商，产品出口韩国、日本、美国等多个国家。其产品锂离子电池电解液在 2020 年

被评为第六批单项冠军产品[①]，2020 年全球市场占有率达
22%，国内市场占有率达 32%。与市场地位相应，2020 年
天赐材料净利润同比增长 1831.32%，归母净利润同比增长
3165.21%，营业总收入同比增长 49.53%，利润增速远远超
过营收增长，市场地位赋予其更强的盈利性。

在逆境中更能体现市场领先优势给企业带来的"红利"。
2018 年以来，受多种因素的影响，国内外经济下行趋势明
显，企业成长面临较大挑战。2018 年至 2020 年，对照组上
市企业的净利润三年复合增长率为 -12.06%，呈现明显下滑
趋势，但是，专精特新上市企业为 18.05%，仍然保持较大
幅度的年均增长。再看净利润和营业收入的三年复合增长
率的差额，专精特新上市企业总体虽然为 -3.48%，但相比
对照组上市企业的 -18.05%，显示出更为领先的市场地位。
尤其小巨人企业，因其聚焦细分领域专业化发展，在经济
下滑形势下其市场领先优势显得更加突出。例如，小巨人
企业杭州安旭生物科技股份有限公司从 2008 年成立[②]以来，
一直专注于 POCT 试剂及仪器的研发、生产与销售，2018
年到 2020 年，分别实现净利润同比增长 668.98%、63.24%

---

① 单项冠军产品企业的评选标准之一是产品市场占有率在全球排名
前三。
② 安旭生物为安旭有限责任公司改制而成，2008 年为安旭有限责任
公司的成立时间。

和 1091.38%，营业收入分别同比增长 47.51%、28.14% 和 471.86%，营业收入和净利润都快速增长，净利润三年复合增长率超过营收增长率 261.86 个百分点。如小巨人企业中自环保科技股份有限公司，自 2005 年以来一直专注于环保催化剂的研发、生产和销售，定位为各大汽车整车厂、发动机厂配套市场，凭借前期持续的研发投入和市场开拓建立核心技术、产品组合及客户资源优势，2018 年至 2020 年实现营业总收入年复合增长 181.31%、净利润年复合增长 281.67%，净利润增速比营收增速高 100.37 个百分点。

4. 经营韧性更强

经营韧性一般指当企业面临外部和内部各种环境的不利变化时，能及时灵活调整战略和战术，有能力防范经营出现大起大落。经营韧性的最低要求，直观表现在面临不利环境时，是否能保证企业的经营安全，不陷入财务困境乃至财务失败。经营韧性是企业各方面能力的综合表现，要求企业对环境变化有敏捷的感知、预测和抗干扰能力，有在不确定环境下的高效运营能力，有把控供应链和接入供需网络的连接能力，有环境规制下的可持续发展能力。

对企业而言，经营韧性在 VUCA 环境 [1] 下将越来越凸显其重要性。

（1）经营稳定性更高

专精特新企业群体的经营更为稳健。以 2016 年至 2020 年营业收入同比增长率的差异系数衡量各个企业的经营稳定性，比较 2016—2020 年专精特新企业和对照组企业的经营稳定性程度可见，专精特新企业差异系数最大值与最小值之间的全距为 116.28，远远小于对照组企业的 643.32，表明专精特新企业总体上营业收入增长率的波动性较小，经营相对更为稳健。进一步用各个类别企业营收增长率的组内差异系数的方差衡量同类别企业之间的稳定性差异，数据显示专精特新企业群体组内方差 5.60，小于对照组企业的组内方差 15.05，说明专精特新企业之间的营业收入增长率的差异也低于对照组企业，进一步佐证了其经营稳定性相对更高。

单项冠军示范企业显示出更强的经营稳定性。专精特新三类企业（即单项冠军示范企业、单项冠军产品企业和

---

① VUCA 即 volatility（易变性）、uncertainty（不确定性）、complexity（复杂性）、ambiguity（模糊性）。VUCA 最初源于军事领域，后逐渐运用到一些新兴的战略管理领域。许多经营管理思想和相关理论，都是基于一个比较稳定的状态下得出的，但现代社会已经进入快速变化的时代，VUCA 对企业的经营管理提出了更高的要求。

小巨人企业）的数据比较显示，单项冠军示范企业的差异系数全距 17.39、组内方差 1.78，都是三个类别中最低的，对内外环境不利变化的抵抗力最强。按照工信部的要求，单项冠军企业应长期专注并深耕产业链某一环节或某一产品领域，从事相关领域达十年及以上，产品的市场占有率位居全球前三，同时创新能力强、质量效益高。毫无疑问，这是专精特新企业发展的高级阶段，这些严苛的条件对于企业增强抵抗外部风险的能力、提升经营韧性带来积极的促进作用。例如，单项冠军示范企业亿嘉和科技股份有限公司主营特种机器人产品的研发、生产、销售及相关服务，随着 2009 年国家提出智能电网概念，紧跟智能电网行业的稳步发展，其在电力机器人领域确立国内领先的产品优势以及相关的行业经营和客户优势[1]，2016 年到 2020 年营业收入保持 37.78%、42.70%、35.10%、43.29% 和 38.94% 的稳定增长。安琪酵母股份有限公司从事酵母、酵母衍生物及相关生物制品的开发、生产和经营。截至 2021 年，公司是全球最大的 YE 供应商和第二大干酵母供应商[2]，2016 年至 2020 年营收同比分别增长 18.83%、15.75%、14.47%、16.73% 和 19.50%。虽然 2018 年后经济下行趋势有所加剧、环境变化更复杂，在不利环境压力下，这些企业仍然保持

---

① 亿嘉和 2021 年半年度报告。
② 安琪酵母 2021 年年度报告。

稳定甚至逆势快速成长。

（2）财务失败可能性更低

亏损乃至破产重组是企业抗风险能力缺陷的直接体现。2018年，因国家收紧流动性和经济去杠杆导致一些民营上市公司相继债务违约暴雷，一些企业因前期激进并购等行为导致在经济下滑过程中因商誉减值损失造成巨额亏损，反映出我国上市公司在控制经营风险、抵御环境不利冲击、提升经营韧性方面的不足。

专精特新企业在抵御财务风险方面表现出较好的防御能力。在2016年至2020年这五年间，2016年和2017年的外部环境较之后三年相对稳定，在这两年，专精特新上市企业中盈利企业占比保持在95.6%左右，比对照组上市企业高出约2个百分点，差距在两年中保持相对稳定。经历了去杠杆债务违约潮、中美贸易战、新冠疫情等外部环境深刻变化，对照组上市企业中的盈利企业数量比例持续下滑，亏损面从2016年的6.5%扩大到2020年的13.75%。而专精特新上市企业的亏损面只是从4.35%上升到5.01%，尤其在2018年以后经济形势下行明显的三年仍保持相对稳定，显示出专精特新企业群体强大的抗风险能力。

Z值评分法是一种广泛应用的衡量企业破产风险的方法。其基本思路是基于多个财务指标构建财务预警机制，以Z值综合反映企业的财务状况，并据此预测和判断财务危机发生的可能性。[1]

2016—2020年，全部企业的Z值均值经历了"V"型波动。从2016年到2018年，全部企业Z值的均值都有不同程度下降，但即使最低年份全部企业的Z值均值仍保持在5.03水平[2]，都在安全区域范围内。2018年后总体的均值出现反转上升趋势。从两类企业的比较看，2016—2017年专精特新企业的均值稍低于对照组企业，但在2018年后超越对照组企业[3]，也就是说，在2016年至2018年Z值下行的时间区间里，对照组企业Z值的下滑更快。2018年之后全部企业Z值上升的时间区间里，专精特新企业持续保持比对照组企业更快的上升速度，到2020年，专精特新企业的Z值平均达到11.18，领先对照组企业的优势更加明显。把环境变化和Z值的变动趋势结合起来看可以发现，在企业整体经营环境较为严峻时，专精特新企业财务安全的相对优势

---

① Z值越低，企业越有可能发生破产。通过计算和比较某企业连续若干年的Z值及其变化趋势，可以发现企业是否存在财务危机的征兆。一般来说，Z值大于2.675时，表明企业的财务状况良好，发生破产的可能性小；Z值小于1.81时，表明企业潜伏着破产危机；Z值介于1.81和2.675之间，称为灰色地带，说明企业的财务状况极为不稳定。
② Z值根据WIND咨询的数据整理而成，在计算各类型企业年度Z值平均值时，已按统计法则剔除一些异常数值。
③ 2018年两类企业的Z值均值都位于五年中的最小值位，也就是两类企业平均财务风险水平相对最高的时期。其中，专精特新企业Z值为5.37，对照组企业Z值为4.95。

更加明显，显现出更强的抵抗财务风险的能力。

进一步对 2020 年 Z 值低于 1.81 的企业进行分类数量统计，结果显示，对照组上市企业中有 505 家存在潜在财务危机的风险，约占全部对照组企业的 17.11%，专精特新上市企业有 57 家存在潜在财务危机的风险，占比为 8.65%，其中，小巨人上市企业有潜在财务危机的占比最低，仅为 3.34%。

第二节　竞争优势来源

　　我国经济发展模式正处于从要素驱动发展为主向创新驱动发展为主转变。党的十八届五中全会提出"创新、协调、绿色、开放、共享"的新发展理念，并在党的十九大报告中提出经济转向高质量发展，必须坚持质量第一、效益优先，以供给侧结构性改革为主线，推动经济发展质量变革、效率变革、动力变革，提高全要素生产率。按照企业竞争战略理论，企业作为微观市场主体，其竞争优势主要来源于企业自身的内部资源和能力，同时与产业、科技、政策等外部环境也高度相关。所以，我们主要从创新引领、效率筑基、价值共创和合规尽责四个方面分析专精特新企业的竞争优势来源。

1. 创新引领

　　创新是专精特新企业持续健康发展的重要动力和保障

因素。企业创新涉及技术创新、工业创新、产品创新、管理创新、文化创新等多个方面，并构成一个全面创新体系。其中，技术创新对企业创新发展起着关键性作用，尤其对制造业专精特新企业而言更为重要。

注重创新几乎是所有专精特新企业的共同特质，在三类企业的评定条件中都强调了创新要素。构筑创新竞争力离不开创新投入，专精特新企业相对更注重研发投入。2018—2020 年，专精特新上市企业研发支出总额年均复合增长 23.09%，研发投入保持快速增长，增速领先对照组企业 5.2 个百分点。其中，小巨人上市企业的研发支出增长相对更快，年均复合增长率达到 25.28%，高于单项冠军示范企业的 21.13% 和单项冠军产品企业的 20.63%。[①]

从研发投入强度看，2016—2020 年，专精特新上市企业的研发支出占营业总收入的比重保持在五年平均 6.53% 左右，对照组企业五年平均占比约 5.64%，前者比对照组企业高约 0.9 个百分点。其中，小巨人上市企业的研发投入强度五年中均保持在 7.31% 以上，五年平均约为 7.61%，是专精特新企业中最高的群体，研发支出占营业收入的比重比单项冠军企业高出了 1 个百分点以上。

专精特新上市企业研发经费投入增长较快的细分领域

① 研发投入的数据来自 WIND 咨询，计算中仅包含年报中有相关数据披露的企业。

主要在半导体与半导体生产设备，制药、生物技术与生命科学，医疗保健设备与服务等领域。这些领域多是技术密集型的前沿性关键领域，或是我国需要突破的"卡脖子"环节。此外，从细分领域的研发投入增长比较也可以看出，越是技术密集型的关键前沿领域，专精特新企业的研发投入增长速度越快，投入增速领先对照组企业的幅度也越大。例如，半导体和半导体生产设备领域是所有细分领域中研发投入增长最快的，2018—2020年研发投入的三年复合增长率达到48.40%，对照组企业仅为17.95%，前者比后者高出30.45个百分点。在制药、生物技术与生命科学，以及医疗保健设备和服务等领域，专精特新企业的研发投入也保持了较高速度增长，三年复合增长率分别达到29.67%和26.99%，增速分别领先对照组企业8.45和2.8个百分点。这在一定程度上反映出，专精特新企业在我国突破产业发展关键技术、突破"卡脖子"产业环节上，正扮演越来越重要的角色。

研发投入相对领先的代表性专精特新企业

企业名称	主营领域	公司亮点
长川科技	集成电路专用测试设备的研发、生产和销售。	小巨人企业，研发投入强度和增长率排名都进入同类企业前10。掌握集成电路测试设备的相关核心技术。"高端数模混合集成电路测试系统"入选2020年浙江省装备制造业重点领域首台（套）产品。
亿华通—U	主营氢燃料电池发动机系统研发及产业化。	小巨人企业，研发投入强度和增长率排名都进入同类企业前20。中国氢能产业先行者，入选中国科协"科创中国"新锐企业榜单和福布斯中国发布的"2021中国最具创新力企业榜"，荣获2021北京市科学技术进步奖等奖项。
欧比特	主营宇航电子、卫星大数据、人工智能、地理信息与智能测绘、智能安防与交通五大业务。	小巨人企业，研发投入强度排名同类企业第13，增速排名第6。卫星大数据行业引领者之一，航空航天领域高可靠嵌入式SOC芯片及系统集成骨干企业之一。
诺唯赞	酶、抗原、抗体等功能性蛋白及高分子有机材料的技术研发和产品开发。	小巨人企业，研发投入强度和增长率排名都进入同类企业前15。同时具有自主可控上游技术开发能力和终端产品生产能力的研发创新型企业。

续　表

企业名称	主营领域	公司亮点
康华生物	动物疫苗、生物疫苗等生物制品。	小巨人企业，研发支出复合增长率同类企业排名第1。国内首家生产人二倍体细胞狂犬病疫苗的疫苗企业。
南大光电	先进前驱体材料、电子特气、光刻胶及配套材料三类半导体材料产品生产、研发和销售。	单项冠军示范企业，研发投入强度同类企业排名第2，增长率同类排名第3。主营产品是电子半导体材料（MO源和离子注入气体）。在多个领域打破国外长期技术垄断，实现高端光刻胶的进口替代。
亿嘉和	特种机器人产品的研发、生产、销售及相关服务。	单项冠军示范企业，特种机器人领域的隐形冠军，研发投入强度和增长率均排名单项冠军企业第8。2021年上半年研发支出同比增长96.91%，占报告期内营业收入的26.57%。
先导智能	高端非标智能装备的研发、设计、生产和销售。	单项冠军示范企业，研发投入强度同类企业排名第15，增速排名第5。锂电池设备、光伏自动化设备专业制造商，打破日韩进口设备的垄断地位。
乐鑫科技	物联网通信芯片及其模组的研发、设计及销售。	单项冠军示范企业，研发强度同类企业排名第4，增速排名第11。专业的集成电路设计企业，物联网Wi-Fi MCU通信芯片领域龙头，2020年度Wi-Fi MCU通信芯片全球出货量市占率第1。

续　表

企业名称	主营领域	公司亮点
卓胜微	射频集成电路领域的研发与销售。	单项冠军产品企业，研发投入强度排名同类企业第19，增速排名第10。国内射频前端领域龙头。
圣邦股份	模拟集成电路芯片设计及销售。	单项冠军产品企业，研发支出强度排名同类企业第4，增速排名第15。国内模拟集成电路设计行业龙头企业。

资料来源：WIND咨询，各公司2020年年度报告及2021年半年报。

注：表中研发强度指研发支出占营业收入的比重，按三年平均值计算。研发支出增长率为三年复合增长率，时间均为2018—2020年。研发支出强度和增速的排名仅限于659家专精特新企业中有相关数据的企业。公司业务领域和市场地位相关信息来自公司年报。

引进和培养创新人才，构造人才优势，是企业培养创新能力和构筑竞争优势的重要保障。数据显示，专精特新企业的研发人才密度明显领先于其他企业。2016—2020年，专精特新上市企业研发人员数占全部员工数的比重各年均高于对照组企业，除2016、2018年比较接近外，其他年份均有将近1个或1个以上百分点的领先优势。此外，专精特新企业研发人员占比呈现逐年提高的趋势，从2016年的17.18%提高到了2020年的20%。其中，小巨人上市企业的研发人员占比在2020年达到了22.39%，相对其他类型的企业优势比较突出，这为企业的快速成长奠定了人才基础。

例如，小巨人企业富瀚微是国内视频多媒体处理芯片设计的领先企业，员工中研发人员占比长期保持在 80% 以上，2021 年底达到 81.70%，不仅保障公司在芯片算法研究、IP 核开发、SoC 芯片实现、产品解决方案开发等领域确立自主核心技术的研发优势，同时拥有一支紧贴客户需求、快速响应的技术服务队伍，保证从产品设计到产品交付的每个细节，保障客户在产品使用、产品升级方面的技术需求。

如果把企业再细分到具体领域，可以更清楚看出专精特新企业的研发人才优势。以研发人员比例较高的三个技术密集型细分领域为例，2020 年，半导体和半导体生产设备、技术硬件与设备、医疗保健设备与服务等三个领域的研发人员占比，专精特新企业分别为 37.24%、26.44% 和 19.46%，对照企业分别为 31.66%、21.53% 和 16.68%，且单项冠军示范企业、单项冠军产品企业和小巨人企业等三类专精特新企业总体上均高于对照组企业。

专精特新企业的人才优势还体现在员工的受教育层次上。比较硕士以上学历员工人数在公司员工总数中的比重，截至 2021 年 12 月 31 日，剔除未披露数据的企业，专精特新企业平均比重为 4.99%，比对照组企业高 0.74 个百分点。其中，小巨人企业达到 5.34%，高学历人才比重相对最高。例如在科创板上市的小巨人企业上海安路信息科技股份有限公司，作为 FPGA 芯片供应商，员工中硕士以上学历员工占比达到 52.02%；湖北久之洋红外系统股份有限公司的硕士以上学历员工占比也达到 50.46%，一支学历层次高、深耕光电行业的研发创新和经营团队把久之洋打造成国内同时具备红外热像仪和激光测距仪自主研制生产能力的小巨人企业。

2016 年至 2020 年样本企业研发投入相关指标统计

指标	企业类型	2016年	2017年	2018年	2019年	2020年
研发支出占营业收入比重(%)	专精特新企业	6.58	6.32	6.49	6.69	6.58
	对照组企业	5.49	5.53	5.73	5.96	5.49
企业研发人员占比（%）	专精特新企业	17.18	18.25	19.21	19.72	20.00
	对照组企业	16.89	17.38	19.13	18.49	18.42

数据来源：WIND 咨询数据，经笔者计算整理。

2. 效率筑基

效率强调投入和产出之间的关系，是微观经济理论的核心关注对象。无论企业是采取成本领先战略，还是差异化战略，企业经营运作过程的效率通常可以成为企业竞争优势的利器与法宝。"专精特新"的基本含义隐含了通过构筑效率优势提升竞争力的一般路径。特色化和新颖化是差异化战略的基本思想，指通过新技术、新工艺、新创意、新模式，生产或者提供独具特色的产品或服务，做到产品或服务的附加值最大化，是既定投入下产出最大化的效率表现。专业化和精细化意指聚焦产业价值链的特定环节，通过战略成本动因分析，利用专业化生产、精细化管理，做到既定产出下的相对成本最小化，是创新驱动下成本领先战略的结果。

高效运作是专精特新企业竞争优势的源泉之一。专精特新企业的运营效率主要体现在资金使用效率、劳动生产效率以及综合运营效率等各个方面。

（1）资金使用效率

投入资本报酬率（ROIC）[①]是反映投入资本利用效率的核心指标。从 2016 年到 2020 年的五年，相比对照组企业，专精特新企业的资本使用效率总体上持续保持着比较优势。2020 年，专精特新上市企业的投入资本报酬率为 11.8%，较对照组上市企业领先高达 4.6 个百分点。专精特新企业中小巨人企业的投入资本利用效率最高，ROIC 达到 13.3%。从五年的发展态势看，专精特新企业的资金使用效率保持

---

① 投入资本报酬率中，报酬均按照息税前利润（EBIT）计算，即投入资本报酬率（ROIC）＝ EBIT×2/（期初投入资本 ＋ 期末投入资本）。

相对稳定的水平，在 11.8% 和 13.18% 之间窄幅波动，尤其在经济形势相对严峻的后三年，资本使用效率并没有明显下降。对照组企业的 ROIC 在 6.22% 至 10.64% 之间波动，资金利用效率波动性显然更大。而且，从 2016 年开始，对照组企业的 ROIC 一直处于单边下滑的态势中，尤其 2018 年以后，下滑幅度更大。

投入资本报酬率的高低很大程度上受进入的行业及参与的价值链环节的影响。如果剔除行业差异，同行比较的 ROIC 差异能更精确体现企业之间在生产技术和工艺水平、生产专业化程度和管理精细化水平等方面的差异。在较集中的细分领域，如生物科技、半导体产品与设备、电气设备、化工、机械与电子设备、仪器和元件等，专精特新企业基本保持比较大的领先优势，其中生物科技领域领先了 17 个百分点，半导体产品与设备、电气设备领域分别领先了 5.99 和 5.86 个百分点。高效的资金利用一方面源自企业基于"专精特新"特征形成的高附加值，另一方面也一定程度上体现了企业的定价权和议价能力。如单项冠军产品企业、半导体领域的卓胜微，2016—2020 年 ROIC 均保持在 40% 以上，生物制品领域小巨人企业安旭生物、诺唯赞、圣湘生物、之江生物等，2020 年 ROIC 都在 90% 以上。这些企业基本都是在创新、产业链整合和成本控制等方面能力强，且建立了高效完善的质量管理体系。

（2）劳动生产率

人力投入回报率 [1] 是人力资源投入的利润回报率，通过计算当年投入在人工上的每一元薪酬所带来的收益，衡量企业经营中投入的人力资源的效率，是反映劳动生产效率的指标之一。数据显示，专精特新上市企业的人力投入回报率显著高于其他企业，2016—2020年平均达到138.99%，高于其他对照组企业48个百分点，2020年更是领先了71个百分点。专精特新企业中，小巨人企业的人力投入效率相对更为出色，五年平均值和2020年的数据都高于其他两类企业。

从人力投入回报率的动态变化看，2018年后对照组上市企业的人力投入回报率出现较大幅度下滑，从2017年的高点119.32%下降到2019年的低点63.84%，2020年虽略有反弹，仍保留在78.90%的相对较低水平。主要原因是许多企业出现较大额度亏损，导致平均人力投入回报率快速下降。相对而言，专精特新企业的人力投入回报率表现比较稳定，除了2018年稍有下降外，其他年份都保持上升态

————————

[1] 人力投入回报率 = 息税前利润 / 薪酬总额 ×100%。其中，息税前利润是指当年取得的收益，按利润总额加财务费用计算；薪酬总额 = 支付给职工以及为职工支付的现金 + 期末应付职工薪酬 － 期初应付职工薪酬。

势。尤其 2018 年后的三年，呈现持续快速上升的趋势，到 2020 年达到 149.97%，领先对照组企业 71.05%，几乎是两倍的水平，相对优势更加明显。

按人均贡献衡量劳动效率显示出相似的结果，即总体上专精特新企业的人工效率显著高于其他企业。2016—2020 年人均创收和人均创利两项指标上[①]，专精特新企业在人均创收方面虽领先对照组企业，但是领先幅度不大，总体基本持平。但在人均创利维度的比较优势十分突出，专精特新企业人均创利 14.74 万元，对照组企业仅为 6.21 万元，充分反映出专精特新给企业带来更高的劳动生产效率和更强大的盈利能力。

在一些技术密集型的行业，专精特新企业的劳动生产率水平明显高于其他企业。比较半导体产品与设备、技术硬件与设备和制药、生物科技与生命科学等三个技术密集细分领域在 2016 年至 2020 年的不同类型企业的人均创收，结果显示，专精特新企业的人均创收水平较大幅度领先对照组企业，三个细分领域分别高出 47.46 万元、15.46 万元和 11.66 万元。其中，小巨人企业同样显示出领先优势。

（3）综合经营效率

企业经营是一系列活动的组合，包括基本活动如生产、

———————

① 人均创收 = 营业总收入 / 员工人数；人均创利 = 归属母公司的净利润 / 员工人数。

销售、进料、发货、后勤、售后服务，以及支持性活动如人事、财务、计划、研究与开发、采购等，净利润是企业系列活动综合经营的成果。从获取营业收入到形成净利润的过程中，除了扣除营业成本，还剔除了销售费用、管理费用和财务费用（俗称三费）。营业成本反映了生产和销售商品或者提供劳务的成本，后三者反映了一个企业在销售管理、行政管理和财务管理等领域的效率。净利润和营业收入之比，即销售净利率的高低，反映了企业的综合经营效率。

比较2016—2020年的销售净利率，对照组企业在剔除销售净利率异常（绝对值异常大的负数）的20余家企业后，五年平均销售净利率为5.66%，专精特新企业达到10.08%。如果把净利润中的非经常性损益扣除，销售净利率的差别扩大到7.73个百分点。其中，对照组企业的销售净利率下降到2.74%，专精特新企业则相向而行，上升到10.47%。这种变化一定程度上表明，专精特新企业的经营效率稳定且可持续，这种稳定性受益于其经营利润主要来自核心业务，受益于采取了专业化聚焦的业务发展战略，对其他非经常性因素的影响具有较好的免疫力。这种免疫力主要源于企业专注于发展的自制力，能抵制诸如炒股、炒房等偏离主业的投机性热钱的诱惑。抵制诱惑的同时，也保障了企业在面对不利事件时可以免受负面影响的伤害。用2020年度的销售净利率比较，可以进一步看出这个特点。

在疫情的严峻形势下，专精特新企业在2020年的销售净利率达到12.90%，高于五年平均水平，而同期对照组企业仅为2.88%，较五年平均水平有较大下滑。战略越聚焦，越关注核心业务的发展，企业的盈利性和综合经营效率就越高，抵御风险的能力也越强。这点从小巨人企业的表现可以看出。总体而言，小巨人企业的业务相对更聚焦，专精特新的特色更突出，反映在经营效率上，其五年平均销售净利率达到10.39%，扣非后的销售净利率11.83%，2020年销售净利率13.16%，均比单项冠军企业高，且五年平均销售净利率的提升幅度也比单项冠军企业更大。

专精特新上市企业与对照组上市企业部分效率指标比较分析

效率指标	专精特新企业	对照组企业
投入资本报酬率/%	12.72	8.46
人力投入回报率/%	138.99	90.7
人均创收/（万元/人）	121.23	120.84
人均创利/（万元/人）	14.74	6.21
销售净利率/%	10.08	5.66
扣非后销售净利率/%	10.47	2.74

资料来源：WIND咨询数据，经笔者计算整理。

注：表中数据为2016年至2020年的五年平均值。

3. 价值共创

员工、客户、供应商等核心利益相关者是专精特新企业实现持续创新发展的主要力量。作为处于产业链、价值链和创新链中特定环节的企业，专精特新企业需要与内外部利益相关者分工协作，共同创造价值。

核心客户和关键供应商是驱动专精特新企业开展创新活动和提升产品价值的主要力量。通常，核心客户会对产品和服务不断提出新的要求，专精特新企业需要与客户高效沟通合作，共同努力打造符合市场需求的产品。实践中，大多数企业的创新活动是由客户需求诱发的，较少是由企业内部引发的。企业以自我为中心的创新，其产品和服务未必有真实的市场需求，或与市场需求并不匹配。专精特新企业的一大特点是努力与核心客户保持密切联系，与客户的研发、制造、市场等部门建立超越一般市场交易性质的关系，以深入洞察和读懂客户的需求，往往与客户一起开展产品开发、质量改进等活动，为客户提供优质的产品。所以，核心客户的需求往往是专精特新企业开展创新活动的动力或压力来源，优质的产品和服务则是专精特新企业持续赢得客户的重要保障，企业与核心客户之间是一种典型的价值共创关系。

为了满足客户对产品性能、质量和价格等方面的更高要求，专精特新企业需要与优质的供应商开展紧密合作，如向性价比高、品质品牌优的供应商采购原材料、零部件等产品，甚至需要请供应商开展定制化创新。但专精特新企业的规模相对较小，无法大规模采购，对供应商的议价能力不高。同时，专精特新企业大多聚焦在特定的细分业务领域，往往向客户提供的是具有较强专用性的产品，需要企业投入专用性的设备、材料等才能产出符合客户需求的产品。供应商是否愿意为规模较小的专精特新企业投入专业性强的资产来提供材料、零部件，这一般较难按照市场机制原理来实现。专精特新企业致力于专业化、品质化、长期化发展，可与相似理念和战略导向的供应商建立紧密合作关系，形成价值共创共享的格局，与供应商高效协同成为专精特新企业竞争优势的重要来源。下表是一些小巨人企业与客户、供应商等利益相关者合作共赢的理念和行为，总体上都在通过践行价值共创来构筑企业竞争优势。

专精特新小巨人企业外部合作关系示例

企业名称	与供应商、客户等利益相关者的合作关系
迈得医疗	为全球数百家客户定制了 3000 余项系统性解决方案，其中不乏国内国际一流的医疗企业。
纳美新材料	与中国纺织科学研究院、江南大学、华东理工大学、华南理工大学、普林斯顿大学、日本分散研究技术所等国内外多家科研院所和世界五百强企业进行多层次的技术合作。
贝隆精密	主要客户是舜宇光学、安费诺、海康威视、大华股份等相关行业龙头企业，以卓越的品质和细致体贴的服务赢得客户的满意度。
本松新材料	在低压电器中高端产品用改性工程塑料应用领域，与 GE、西门子、正泰、德力西等国内外知名企业建立长期友好合作关系；在汽车功能结构件用改性工程塑料领域，与奥迪、奔驰、大众、通用、吉利等众多国内外汽车制造商逐步建立战略合作伙伴关系。
国芯科技	合作伙伴包括芯片行业、STB 领域及 ALOT 领域，如喜马拉雅、小米等。
江南阀门	国电公司 600、1000MW 火电机组辅助设备定点生产企业，中石化、中石油、水电公司、化工装备公司的一级供应商。
圣邦集团	徐工集团、雷沃集团等国内知名企业的核心战略供应商。

资料来源：各公司官网。

（1）与核心客户共创

专精特新企业在成长过程中，大多与国内外行业龙头、世界 500 强企业等顶级客户合作，给一些大企业提供配套产品及相关服务。进入这些大企业的供应链体系并保持长期稳定的关系，给专精特新企业带来了许多好处：一是保证了长期稳定的销售渠道。大企业的采购相对比较稳定，受非常因素的影响较小。二是有利于企业产能规划和降低成本。大企业采购通常更具计划性，生产企业可以提前规划产能安排、原材料采购备货，从而提高要素资源的利用效率，更高效降低成本。三是促进品质提升。进入大企业供应链体系一般有严苛的质量要求和服务标准，这种高质量、高标准要求成为市场倒逼机制，推动企业更加关注产品和服务的质量。四是促进企业提升创新能力。为了保证采购品的质量，大企业在采购过程中经常向生产方反馈需求信息和改进意见，并尽可能介入供货方的技术创新、工艺改良等活动。这种协同创新活动对供应方提升创新能力产生积极作用。

从 2016 年至 2020 年专精特新上市企业数据看，专精特新企业的核心客户集聚程度普遍较高，前五大客户的销售收入占全部销售收入的比重五年内在 36.7% 至 38.26% 小范围波动，五年平均约为 37.52%，总体高出对照组上市企业约 1.25 个百分点。其中，小巨人上市企业前五大客户销售收入占比更高，总体维持在 42% 左右，表明核心大客户对小巨人企业发展的重要性。

与核心客户的共生共创不仅体现在较高的销售份额上，更体现在客户黏性上。专精特新企业在发展过程中，通过为核心客户提供定制化配套服务等方式建立长期稳定的关系，成为核心客户的生态企业。

以小巨人企业泰祥实业股份有限公司为例，该企业主营业务为汽车零部件的研发、制造与销售，主要产品为发动机主轴承盖，是大众汽车集团的全球供应商和 A 级供应商，同时也为部分国内外知名整车厂提供主轴承盖产品。国际上知名汽车整车生产商对零部件供应商的要求苛刻，技术认可和认证的要求高、历时长。这个行业特征一方面给予零部件供应商倒逼的压力，迫使其提升技术水平和产品质量；另一方面也意味着客户的供应链体系建立成本高昂，一旦通过技术认可和认证，合作后关系一般会非常稳固。因此，公司经过多年产品质量和服务上的优质表现，通过了大众集团的认证，成为供应商，稳步增强与大众集团的客户黏性及相互依存关系，2016 年至 2020 年间，大众汽车集团的业务量占公司营业收入的比重每年都在 98% 以上。在深度融合的基础上，公司参与了大众发动机主轴承盖的同步设计研发，成为可以供货至大众集团全球工厂并参与大众汽车集团旗下所有品牌铸造机加件竞标的企业。2021 年上半年，在疫情持续和国际宏观经济低迷的形势下，企业依然获得奥迪 EA888 主轴承盖迭代 EA888 五代新项目定点，还获得了奥迪框架式连体主轴承盖新项目定点以及墨西哥大众等工厂的份额增长，满足了大众集团及其他客户的相关需求，同时获得了在其他客户处的新的主轴承项目的合作。

（2）与关键供应商共创

与产业链关键供应商建立战略联盟关系，对于维持供应链的稳定性、提高产品质量、控制成本等具有重要意义。一方面，企业与供应商的协同有利于企业实施战略成本管理，可以实现业务数据的快速传递和相关信息的实时分享，实现供应与生产的高度配合，提高企业与供应商的作业效率，从而协助企业降低成本、提高竞争力。另一方面，通过与供应商建立稳定的协作关系，有助于企业和供应商协同应对生产和市场的变化，敏捷应对、随需而动，构建企业高效稳定的供应链体系，增强抗风险能力。

2016—2020 年的统计数据显示，专精特新上市企业的前五大供应商采购金额占全部采购金额的比例在36%以上，平均值约 37.88%，不同年份间波动很小。对照组企业的前五大供应商五年平均占比约为 36.21%，且各年的平均水平均低于专精特新企业。其中，小巨人上市企业的前五大供应商采购额占比相对更高，总体上维持在 41.90% 左右。这些数据充分表明，专精特新企业倾向于与重点供应商深度合作发展，通过产业链和供应链的深度融合实现价值共创，这成为专精特新企业普遍采用的竞争战略。如帝科股份、我武生物、艾为电子、安博通、贵州三力等小巨人企业，前五大供应商的采购比例都超过 90%。

以前述的泰祥股份为例，2020 年其向前五大供应商采购额为 2207.02 万元，占总采购额的 72.41%。其中，向第一大供应商南阳市云阳钢铁实业有限公司合计采购额 1736.89 万元，占比达到 56.99%。2016—2020 年，第一大供应商一直是南阳市云阳钢铁实业有限公司，产业链合作关系非常稳定，采购比例持续提升。

（3）与企业员工共创

人力资本是现代企业成长的关键要素，企业竞争归根到底是对各层次人才的竞争。员工既是知识和技能的载体，也是知识和技能的源泉。员工的素质、能力、观念和行为方式等，是公司核心竞争力的重要组成部分。专精特新企业在构筑人才优势方面的成就，得益于普遍推行共创共享的企业价值观。主要表现如下。

一是与员工共成长。专精特新企业重视员工的培训发展和职业生涯管理。一方面，企业快速成长给员工提供更多晋升的可能性，且晋升的周期比成熟企业更短，员工职业生涯发展的上升通道顺畅且发展空间宽广。个人成长的可预期性对员工形成强烈的内在激励，既利于激发调动员工的工作积极性，也利于培育员工对企业的忠诚度。因此，专精特新企业显示出更高的劳动生产率、人力投入回报率以及较低的员工离职率。另一方面，专精特新企业注重员工的培训发展，培训发展不仅提升了员工的人力资本价值，也有效提高了企业的经营效率。2016—2020 年，专精特新上市企业的人均工会和职工教育经费支出从 1153 元提高到 1378 元 [①]，支出水平和每年提高幅度都高于对照组企业。

二是与员工共分享。企业与员工共同分享公司成长的成果，是激励和留住员工的重要手段。共享成果有丰富的内涵，包括精神层面的，如公司的社会声誉给员工的荣誉感、公司价值观对员工的积极引导、团队建设对员工的积极影响等，也包括物质层面的，如薪酬激励、福利待遇等。2016—2020 年专精特新上市企业的薪酬待遇统计显示，专精特新上市企业在各年份的人均薪酬水平均高于对照组上市企业，平均高出约 1 万元。2020 年，前者人均薪酬约为 14.50 万元，后者约为 13.41 万元。在一些细分领域，专精特新企业的人均薪酬相对更高一些，如在半导体产品与半导体设备、医疗保健设备与用品等领域，专精特新企业的人均薪酬分别达到 22.56 万元和 17.49 万元，比对照组企业分别高出 2.59 万元和 3.21 万元。

---

① WIND 咨询数据，经笔者计算整理。人均工会和教育经费支出仅包含有相关数据披露的企业。

专精特新企业的人均福利支出也高于对照组企业，2020年前者为 2389 元，后者为 1989 元。[1] 从 2016 年到 2020 年的变化态势看，专精特新企业人均福利支出水平和对照组的差距从 2019 年后在逐渐拉大，五年内从最小的差距 85 元扩大到 400 元。其中，单项冠军示范企业的人均福利支出水平最高，五年内每年基本保持在对照组上市企业水平的两倍左右，2020 年达到 4534 元。

在企业不同发展阶段，采用与阶段特征相匹配的员工共生形式。快速发展的早期阶段，企业需要更多的资源，尤其对资金的需求较大，共生共享的形式更多采用诸如提供晋升机会、荣誉奖励等精神层面的方式。发展进入相对稳定阶段，企业获取现金能力增强，对财务资源的需求下降，与员工共享的物质层面因素比重将有所上升。不同类型或发展阶段的专精特新企业的人均福利支出呈现明显的级差，单项冠军企业人均福利支出水平很高，小巨人企业支出水平相对较低。前文统计可知，小巨人企业的平均盈利性（净资产收益率）在三类专精特新企业中最高，盈利能力支撑了企业快速成长，资产规模、营收、利润等增长速度更快。小巨人企业的盈利性和员工价值共享的方式，也与企业成长的阶段特征相匹配。企业资源积累和能力增强是小巨人

---

[1] WIND 咨询数据，经笔者计算整理，仅包含有相关数据披露的企业。

企业的主要任务，因此福利待遇的货币激励方式相对较低，但较快的企业成长速度能够给员工提供更多的发展机会，因此，工作和职业发展的激励是小巨人企业主要的激励和价值共享方式。同时，小巨人企业的人均福利费支出在2016—2020年年均复合增长为14%，高于单项冠军企业的11.6%，也体现了与员工共成长、共分享的价值观。

　　小巨人企业浙江华源颜料股份有限公司（简称华源）坐落在浙江省风景宜人的德清县。这家看似毫不起眼的地方企业，目前已是全球氧化铁颜料行业的领先企业。尽管华源在细分行业内已拥有很强的领导地位，但与客户甚至同行竞争者合作发展的理念深入企业基因。如，美国约占全球氧化铁颜料市场的四分之一，近几年由于贸易摩擦等，美国对该类产品征收的关税明显提高，导致企业几乎没有盈利的可能。但为了维持在美国市场的地位和服务好相关客户，即使短期内美国市场业务会造成亏损，华源依然坚持供货，在美国市场的业务，影响力越来越大。曾经有个国外客户在使用华源产品时出现杂质，于是向华源索赔。尽管索赔数额不大，但华源坚持对客户负责，派专家与客户共同调研了几个月，最终发现事故是该客户没有按照标准定期更换过滤槽所致，最终避免了赔偿。华源对待客户有原则、有底线，绝不推脱责任，主动与客户共同解决问题，赢得了许多优质客户的信赖和认可。作为行业龙头企业，华源还经常与同行企业交流，主动分享对技术创新、行业发展趋势等方面的看法，深受同行企业的尊重和信任，在引导和促进行业持续健康发展方面发挥着积极作用。

舜宇光学科技（集团）有限公司（简称舜宇）是全球领先的综合光学零件及产品制造商，产品应用于手机、汽车、安防、机器人、医疗等多个行业。舜宇下属的宁波舜宇光电信息有限公司和宁波舜宇车载光学技术有限公司都是单项冠军企业。作为一家起步于乡镇、资源匮乏的地方企业，舜宇坚持以合作的姿态谋发展。在创业初期，企业就积极拓展联营伙伴，与江西光学仪器总厂合作成立"凤凰照相机（集团）公司余姚光学元件厂"，与杭州照相机机械研究所联营成立"国家机械工业委员会杭州照相机机械研究所余姚联营厂"，并联合研制生产了 XY-1 型、XY-2 型一步成像翻拍相机，与企业联营使舜宇顺利存活下来并成长为国内光学镜头生产的重要基地。[①] 为了不断提升自身的技术能力，舜宇积极与光学领域有领先优势的浙江大学深度合作，选派企业骨干人员到浙江大学进修学习，并合作开展技术攻关。共创共享是价值共创的重要原则。1994 年，舜宇秉持"钱散人聚"的理念进行产权改制，350 名在册员工全部成为公司股东，创始人占股 7%，建立了有利于"共

---

① 彭新敏，祝学伟．机会窗口、联盟组合与后发企业的技术赶超：舜宇 1984—2018 年纵向案例研究．南开管理评论，2021(4).

同创造"的股权结构。人才队伍、技术和生产制造能力得到稳步提升，市场开拓变得尤为重要。舜宇秉持合作理念，于 2004 年实行了"名配角"发展战略，专注与一流大公司合作，努力做一流企业不可或缺的配角。通过合作，舜宇快速融入现代光电产业的核心供应链，市场份额和技术能力进一步得到提升，成功实现了从地方小厂向世界一流光电企业的华丽转身。

合作是舜宇一路成长的坚定原则，共同创造也成为舜宇企业文化的内核。共同创造内涵丰富，包括共创事业与价值、共担困难与风险、共享成果与利益、共谋成长和发展。在共同创造价值观的指引下，舜宇坚持以共同的目标、共赢的心态来处理企业与五个利益相关者的关系，即与全体股东共同创造舜宇坚实的基业，与全体员工共同创造舜宇优秀的品牌，与合作伙伴共同创造舜宇产品的市场，与业内同仁共同创造行业发展的空间，与社会各界共同创造文明进步的社会。[①] 实践证明，共同创造价值观有效地激励和促进了舜宇的持续创新和高质量发展。

4. 合规尽责

在新时代，企业社会责任已经不是企业可有可无的事

---

① 文化理念，舜宇光学科技（集团）有限公司官网。

情，而是企业生存和发展的必然要求。对于致力于长期发展的专精特新企业而言，积极履行社会责任成为一种战略性行为。一般而言，企业的社会责任行为主要包括：一是通过持续创新为社会提供更优质的产品和服务，尤其是通过科技创新促进行业高质量发展。由于专精特新企业在产业链和创新链特定环节具有较强的创新能力，可通过持续性创新突破"卡脖子"等关键技术难题，推动行业创新驱动发展，为社会创造更多福利。二是植入并坚持绿色生态化发展，通过加大环境保护、清洁生产、绿色产品等方面的投入，使企业成为践行生态文明的经济组织，为经济社会可持续发展贡献力量。三是开展慈善捐赠等社会公益活动，为社会困难人群提供力所能及的帮扶救助，促进社会和谐发展。四是创新创业促进高质量就业，通过不断发展壮大企业自身实力，在为社会提供更多就业机会的同时，不断增加就业人员的收入水平，促进社会共同富裕。所以，专精特新企业积极履行社会责任，并不限于捐赠活动，可以在增强科技创新、实施绿色低碳、提供就业机会等方面开展有社会意义的活动，促进社会包容性和可持续性发展。

积极践行社会责任的专精特新企业，一方面体现出了企业对社会发展的关爱，逐步把自身打造成为具有良好社会形象的企业，赢得客户、供应商、政府、社区等主体的好感和支持，成为企业综合竞争优势的重要来源。另一方面可以凝聚和提升企业内部员工的荣誉感和使命感，让员工的工作更具社会价值，成为企业向心力和团结力的重要内驱因素。在企业发展面临重大挑战或危机时，社会责任感强的企业更能"得道者多助"，在企业内外部正能量的支持下迎难克艰。所以，开展各种形式的社会责任活动，不仅可以促进社会和谐发展，还可以更好地促进专精特新企业持续健康发展。下表是一些专精特新小巨人企业在履行社会责任方面的实践表现示例。

专精特新小巨人企业社会责任表现示例

企业名称	社会责任方面的描述
八达机电	热心社会公益事业，积极参与"光彩事业"、就业与再就业工作及村企共建、扶贫帮困、回报社会等各项活动。
我武生物	秉承"治病救人、实业报国"的企业宗旨，以高度的社会责任感和完备的质量监管体系生产医药产品，为建设成为"国际医药行业的标志企业"的伟大目标而全力以赴。
江南阀门	帮助伤残退伍军人解决就业、医疗、养老保险等问题，搭建创业平台；与泰顺、文成、苍南等贫困落后山区的困难户和贫困学生结对帮扶，为汶川地震灾区、台风灾民捐资捐款。
禾欣科技	成立禾欣慈善基金会，以"博爱禾欣，情系员工"为宗旨，扶贫帮困，救助因疾病或意外等原因陷入生活困难的员工及其家属。

资料来源：各公司官网。

（1）合规经营

对专精特新上市企业而言，合规经营主要表现在：一是信息披露的真实性和规范性。加强信息披露的规范性，披露真实的信息，这有利于促进企业和投资者之间的互信，改善投资者关系，提升企业资源获取能力，也有利于提高市场估值，促进企业成长。二是公司治理和内部控制的有效性。强调股东大会、董事会、监事会、经理层要依法合规运作；董事、监事和高级管理人员要忠实勤勉履职；控股股东、实际控制人要履行诚信义务，维护上市公司独立性，切实保障上市公司和投资者的合法权益。推行内控规范体系，提升内控有效性，强化上市公司治理底线要求，有利于提升企业风险控制能力，提升决策的科学性。

专精特新企业能在宏观经济震荡中持续稳定地快速发展，很大程度上在于以严格的合规性自律作为保护机制。

首先，专精特新企业在信息披露质量上稍胜一筹。总体上，专精特新上市企业年度报告的审计意见被出具标准无保留意见的比例明显高于其他企业。2016年至2020年，专精特新企业年度报告被出具标准无保留意见的比例最低为98.79%，最高为99.67%，五年平均达到99.31%，呈现水平震荡的态势。反观对照组企业，年度报告标准无保留意见的比例五年间平均为95.95%，低了3.36个百分点，差别比较明显。此外，对照组上市企业被出具标准意见的比例呈现逐渐单边下降的趋势，信息披露的规范性有所滑坡。

内控报告的审计意见与年度报告相似，专精特新上市企业信息披露的合规性好于其他企业。2016—2020 年，专精特新上市企业内控报告的标准意见比例在 97.38% 至 99.45% 间波动，五年平均占比 98.45%，而对照组上市企业五年平均占比为 96.19%，低了约 2.27 个百分点，且后三年占比明显低于前两年。

一种比较极端的负面情况是年度报告被出具否定意见。内控报告被出具否定意见的专精特新上市企业数量远低于其他对照组上市企业。2020 年，专精特新上市企业有 2 家被出具否定意见，占全部专精特新上市企业的 0.5%，五年来总共有 11 家企业的内控报告被出具否定意见。而对照组上市企业 2020 年被出具否定意见的为 36 家，在同类上市企业中的占比达到 1.8%，五年来总共有 140 家企业被出具否定意见，无论比例或绝对数量均大大高于专精特新企业。

其次，专精特新企业被违规处罚的比例较低。2018—2020 年上市企业因违规被处罚的情况显示，专精特新上市企业总计 90 家曾因违规被行政处罚，处罚覆盖面为 13.7%。其中，被处罚一次的企业 55 家，占被处罚企业的 61%。而对照组上市企业中，有 743 家曾因违规被处罚，处罚覆盖面为 25.16%，被处罚一次的企业占受罚企业的 43.47%。对照组企业的受罚覆盖面以及被重复处罚的比例都比专精特新企业高，表明专精特新企业合规经营水平较高。

（2）社会责任

积极履行社会责任可以为企业的长期发展保驾护航。许多研究表明，企业履行社会责任有助于提高企业的长期经济绩效，进而提高投资者对企业的估值。2021 年，证监会发布新版《公开发行证券的公司信息披露内容与格式准则第 2 号——年度报告的内容与格式（征求意见稿）》《公开发行证券的公司信息披露内容与格式准则第 3 号——半年度报告的内容与格式（征求意见稿）》，新版增加了环境和社会责任章节，即将定期报告正文与环境保护、社会责任有关条文统一整合至新增后的第五节"环境和社会责任"，体现了监管机构对 ESG 的认可。ESG 报告（环境、社会及公司治理报告）是企业在环境、社会及公司治理等方面的政策和表现，以及有重大影响、定期向投资者等利益相关方进行披露的沟通方式。卓越的 ESG 评级代表市场认同企业在社会责任等方面的投入和表现，有助于帮助企业建立良好的品牌形象。ESG 在某种程度上反映了对企业内部机制和能力建设的要求，组织需要建立这些机制和能力才能实现长期价值。

总体上，大约有 11.64% 的专精特新上市企业在万德

ESG 评级 ① 中得到 A 级或 A 以上的等级，略高于对照组上市企业的 10.32%，其中，单项冠军企业和单项冠军产品企业的评级优势更加明显，获评 A 级及以上的比例分别达到 18.92% 和 17.49%。在 B 级及以下的低等级中，专精特新上市企业获评比例要低于对照组上市企业。可见，专精特新企业在环境、社会责任和公司治理等领域的表现总体上优于其他企业。

从 20 世纪 80 年代创业初期开始，正泰始终秉承"为股东创造价值、为用户提高效率、为社会承担责任"的经营理念，不仅注重通过科技创新、质量管理、品牌建设等来增强企业自身的高质量发展能力，发挥龙头企业作用，积极引领行业创新发展，还致力于构建完善的企业社会责任管理体系，持续提升企业的社会责任绩效。

正泰坚持"以人为本"的理念，体贴关心员工，注重保护员工权益。如，1997 年成为温州首家组织精神文明建设委员会的企业，1999 年成为首个成立妇联的浙江省非公有制企业，2001 年在全国民营企业中较早实行全员社会养老保险，2011 年荣获"全国模范劳动关系和谐企业"称号。

正泰积极投入公益事业造福社会。如，2003 年捐资 2000 万元联合发起成立全国首家民营企业扶贫组织——浙

---

① 评级数据来自 WIND 咨询，经笔者计算整理。评级时间截至 2021 年 12 月 31 日。

江省乐清市民营企业扶贫济困总会。2008年汶川大地震后，公司员工积极捐款捐物，支援灾区重建家园。正泰注资9000万元成立正泰公益基金会，累计捐款超3亿元。面对突如其来的新冠疫情，为了支持武汉市赶建火神山医院和雷神山医院，武汉华中正泰机电控制设备有限公司在2020年大年初一就正式开工生产，为火神山、雷神山医院提供配电类、框架等产品，包括双电源、塑壳断路器、接触器等。与此同时，正泰迅速在全球采购防疫物资支持防控一线，并设立2000万元抗疫专项基金，全力驰援武汉、上海、杭州、嘉兴、温州等多地，坚决助力打赢疫情阻击战。正泰的爱心也得到了社会赞誉，获得了一系列荣誉。如，2007年南存辉被授予"中华慈善事业突出贡献奖"并荣获"中华慈善人物"称号。2008年正泰荣获中华慈善奖最具爱心内资企业，2018年正泰被授予第十届"中华慈善奖"。

正泰注重以科技和产业来帮助群众提高收入，开创了"光伏＋产业"扶贫模式。如，2017年3月15日，浙江省"百万家庭屋顶光伏工程"现场会在衢州市龙游县举行，由正泰投建的芝溪家园及山底村屋顶光伏项目是龙游县金屋顶光伏富民工程首个示范点。目前，"光伏＋产业"扶贫模式在全国多地推开，取得了显著的社会成效。正泰坚持"绿色、可持续"发展理念，大力发展清洁能源，导入数字化车间能效管理系统，持续推动能源管理体系建设，助力改善生态环境。

总体上，专精特新企业的竞争优势主要有如下四大来源。

一是效率筑基。企业主要通过规模经济和范围经济来降低成本，规模经济建立在较大规模的产出基础上，从而降低单位固定成本，范围经济则要求企业在多个相关产品之间存在相关性而充分共享资源。但是，专精特新企业一般规模不大，较难形成规模经济效应，同时，企业强调专业化发展，范围经济也不容易产生。专精特新企业自身拥有的资源相对有限，但很注重对有限资源的高效使用，尤其是对劳动力、资金等重要资源的充分利用。如，在劳动力方面，企业注重通过强化内部培训和降低流动率，培养起一大批熟练员工，持续提高产品质量稳定性和全员劳动生产率。在资金方面，企业注重资金的周转效率，降低资金需求和相关的财务成本。在生产设备方面，企业注重对产能的充分利用，通过高产出来摊薄单位产品的固定成本。所以，通过不断提高对各类资源的使用效率，企业的运营成本得到明显降低，形成低成本的竞争优势。

二是创新引领。创新是企业发展的重要动力。企业的创新活动可以涉及工艺创新、产品创新、管理创新、文化创新等多个方面，并进而形成全面创新的竞争优势。创新需要企业投入特定的资源，同时要面对创新结果的不确定性。注重稳健和长期化发展、资源能力又不充足的专精特新企业，往往采用精益化创新和渐进式创新模式。专精特新企业会针对客户较为明确的需求，根据精益和迭代的理念，以较少的资源投入开展创新活动，如持续改进生产工艺流程、提高产品设计的合理性、优化企业运营管理规范等，以质量更优的新工艺和新产品来满足客户需求。一些专精特新企业也会集中资源攻克行业性技术难关，开发出引领性的新产品，来创造和引导客户需求。由于专精特新企业注重于特定细分领域，尽管创新资源投入往往不算多，但持续性地投入创新资源，也可以产生饱和投入的效果，在单点创新领域容易实现较好的创新绩效。所以，专精特新企业往往可以在自身细分领域形成创新优势，助力企业创新引领发展。

三是价值共创。分工协作是产业发展的基本形态。在市场经济发展过程中，专业化分工协作不断深化，使得产业体系越来越模块化，不同企业聚焦在特定分工领域进行专业化发展。尤其在外部环境越来越动态复杂的情况下，企业全产业链运营的风险会很大，如何打造有效的分工协作和价值共创体系成为广大企业的战略决策重点。专精特新企业大多是中小企业，往往不具备跨越多个产业链环节开展生产经营活动的能力，而是选择聚焦在单一或较少的产品领域。但是，越聚焦和专业化发展的企业，越需要与上下游进行合作协同。优质的供应商不仅可以为专精特新企业提供高性价比的原材料和零部件，还可以帮助企业提升产品质量和品牌。品牌客户可以向专精特新企业提出创新发展的前沿要求，帮助企业形成以客户为中心的发展态势。所以，专精特新企业重视与关键供应商、核心客户等主体建立战略性合作关系，秉持长期导向的合作共赢理念，不断增强双向沟通水平和响应能力，最终实现价值共创和共生发展。

四是合规责任。合法合规经营是企业生存和发展的底线，履行社会责任是企业可持续健康发展的重要保障。在各种制度不断创新和完善的进程中，市场可能存在一些制度空白点，给一些企业产生了机会主义的空间。专精特新企业往往专注主业，坚守法律法规，不断强化风险管控，同时，力所能及地践行各种形式的社会责任活动，为企业健康发展奠定厚实的基础。

从四类主要竞争优势来源的关系看，合规责任是专精特新企业竞争优势的基础，否则，企业就难以可持续健康发展；在此基础上，强调专业化发展的专精特新企业会重视与产业生态伙伴的有效分工协作，在分工合作中实现价值共创和共同发展；效率和创新则是专精特新企业持续发展的两大内驱因素。这样，四者形成了一个有机整体，交互影响，共同成为专精特新企业的独特竞争优势。

从企业发展过程看，上述四类竞争优势来源的作用有所差异。总体上，合规责任是基础，对任何发展阶段的专精特新企业都是基础性保障因素。随着企业不断发展，专精特新企业更需要强化价值共创理念和行为，而不因为自身实力的提升对生态伙伴的利益形成挑战和压制，否则会破坏原有的产业合作生态，也会招致上下游伙伴的抵制。尤其是在复杂快变的环境中，专精特新企业需要加强与上下游伙伴的高效合作，共同应对市场和技术等方面的机会和挑战。实践中，专业化发展企业随着自身能力水平的提高，市场空间面临天花板，会向上下游产业链环节延伸发展，此时更需要秉持合作发展的理念，尽可能少地冲击原有合作伙伴的利益，在动态调整分工协作体系中共创、共生、共赢。高效率是专精特新企业的基本特色和重要竞争优势，在企业发展壮大过程中可能会拓展产品线或业务类型，管理复杂性也可能随之增强，容易产生以效率低下为主要特征的大企业病现象。因此，专精特新企业必须持续确保和提升运营高效。与此同时，随着时代进步和企业不断发展，创新的重要性逐渐提升，专精特新企业也需要逐步从效率驱动型发展模式升级到创新驱动型发展模式，或者是效率和创新双轮驱动模式。

在企业实践中，不同专精特新企业由于介入的行业和产品属性不同，以及企业发展阶段和战略选择上的差异，

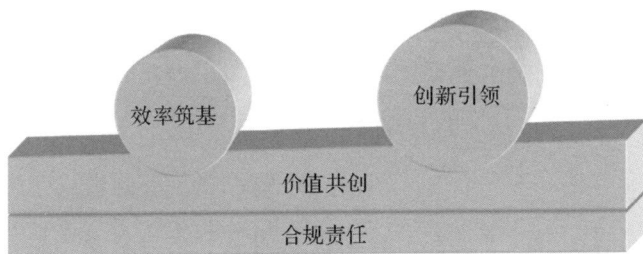

专精特新企业的竞争优势来源

其竞争优势来源的结构和重点也有所不同。合规尽责是对企业的基本要求，其中合规是企业经营底线，各企业都需恪守法律法规和各项监管制度。ESG 报告（指环境、社会责任和公司治理）目前为自愿性报告，评级结果都在 BB 以上。另外三个维度，企业表现各有特色。根据创新、效率和价值共享共创等三个维度的相关指标对 659 个专精特新企业进行排序，可以看出各企业在竞争优势来源上的差异。其中，卓胜微、亿嘉和、安旭生物等企业在创新引领、效率筑基和价值共创等三个维度上都比较领先。富瀚微在研发和效率上比较领先，同时具有上下游高黏性的产业链优势。心脉医疗和信安世纪在研发创新和效率上更为突出，同时因为下游面向机构客户（前者主要为医疗机构，后者主要为金融机构、大企业等），因此也关注客户黏性。中简科技、泰祥股份、诺唯赞和康华生物在效率上有强大的优势，另两个领域则充分反映了产业特性。中简科技的产品高性能碳纤维主要用于航空航天领域，客户为少数几个大企业，泰祥股份则是大众集团的全球供应商，因此两者更突出了客户黏性。而诺唯赞和康华生物的产品为疫苗和生物制剂，应用广泛，客户众多，但对技术要求高，因此突出了创新引领的作用。可见专精特新企业的竞争优势来源总体上来自四个主要方面，落实到具体企业可能各有侧重。这也很好诠释了"专精特新"的本质含义。

部分专精特新企业竞争优势来源总结

示范企业	创新引领	效率筑基	价值共创	合规尽责	特色亮点
卓胜微	研发支出年均增长56.2%，排名前7%，研发支出占营收比重9.24%，排名前19%。共计取得63项专利，其中国内专利62项、国际专利1项、21项集成电路布图设计。	ROIC：60.05%，排名前1%。扣非ROS：31.05%，排名前4%。ROE：49.37%。	客户集中度80.85%，供应商集中度90.79%。有较强的资源整合和业务协同能力，能释放业务协同效应、上游深度建设供应链资源，客户端持续提高渗透率。	WIND ESG评级：A。信息披露规范，无违规处罚。	·单项冠军产品企业。 ·率先基于RFCMOS工艺实现射频低噪声放大器产品化的企业之一。 ·全球率先采用12寸65nm RF SOI工艺晶圆生产高性能天线开关芯片的企业之一。 ·国内企业中领先推出适用于5G通信制式sub-6GHz高频产品及射频模组产品并市场化推进的企业之一。

续　表

示范企业	创新引领	效率筑基	价值共创	合规尽责	特色亮点
亿嘉和	研发支出年均增长62.17%，排名前5%，研发支出占营收比重12.38%，排名前10%。制定了一系列行业智能化产品和智能化服务企业标准。	ROIC: 31.83%，排名前4%。扣非ROS: 30.06%，排名进前5%。ROE: 24.82%。	客户集中度79.42%，供应商集中度27.37%。市场信誉和品牌效应较好，建立了较强的客户粘性。具有相当竞争力的薪酬体系，员工职业发展通道。	WIND ESG评级：BB。信息披露规范，无违规处罚。	·单项冠军示范企业。·特种机器人先行者。
安旭生物	研发支出年均增长95.11%，排名前2%；研发支出占营收比重6.67%。	ROIC: 50.74%，排名前1%。扣非ROS: 29.56%，排名前5%。ROE: 133.3%。	客户集中度81.55%，供应商集中度51.25%。自有品牌和ODM品牌相结合，重点打造自有品牌的发展，自有品牌销售已逐步在国内外市场打开局面。	信息披露规范，无违规处罚。	·专精特新小巨人。·在POCT国际市场能够与跨国体外诊断行业巨头竞争的中国体外诊断产品供应商之一。

续　表

示范企业	创新引领	效率筑基	价值共创	合规尽责	特色亮点
心脉医疗	研发支出占营收比重 18.87%，排名前 4%；研发支出年均增长 22.76%。截至 2021 年底，拥有境内外专利合计 171 项，其中境内授权专利 112 项、境外授权专利 59 项。获评 2020 年度上海市科技进步一等奖、2020 年度中华医学科技奖一等奖。	ROIC31.38%，排名前 5%。扣非 ROS：36.33%，排名前 2%。ROE：18.66%。	客户集中度 44.12%，产品销售至国内 700 多家医院。供应商集中度 47.17%。推动获批创新性产品的线上线下医学教育培训。	WIND ESG 评级：A。信息披露规范，无违规处罚。	·单项冠军产品企业。·2018 年在我国主动脉血管介入医疗器械市场份额排名第 2，国产品牌中市场份额排名 1。

续 表

示范企业	创新引领	效率筑基	价值共创	合规尽责	特色亮点
信安世纪	研发支出占营收比重14.89%，排名前7%；研发支出年均增长46.07%，排名前11%。累计取得95项专利（其中发明专利76项），164项软件著作权。参与编写国家标准。	ROIC: 28.92%，排名前6%。扣非ROS: 27.21%，排名前7%。ROE: 26.74%。	客户集中度29.19%，供应商集中度56.61%。长期服务国内金融、政府和大型国有企业，为客户提供7×24小时的全天候安全保障。	WIND ESG评级：BBB。信息披露规范，无违规处罚。	·专精特新小巨人。·国内较早从事基于密码技术研发、生产的专业信息安全厂商之一。
泰祥股份	研发支出占营收比重5.10%，注重与大客户的协同创新。	ROIC: 36.48%，排名前3%。扣非ROS: 42.55%，排名前1%。ROE: 18.31%。	客户集中度98.73%，供应商集中度72.41%。大客户黏性强。	WIND ESG评级：BB。信息披露规范，无违规处罚。	·专精特新小巨人。·大众汽车集团的全球供应商和A级供应商。

续 表

示范企业	创新引领	效率筑基	价值共创	合规尽责	特色亮点
康华生物	研发支出年均增长138.85%，排名前1%。研发支出占营收比重4.37%。自主研发与联合研发相结合。	ROIC：69.91%，排名前1%。扣非ROS：26.78%，排名前7%。ROE：32.15%。	客户集中度8.85%，供应商集中度51.7%。深化企业品牌建设，加重视公众教育，加强营销宣传。	WIND ESG评级：BBB。信息披露规范，无违规处罚。	·专精特新小巨人。·国内首家生产人二倍体细胞狂犬病疫苗的疫苗企业。
富瀚微	研发支出年均增长16.91%；研发支出占营收比重25.80%，排名前2%。拥有一系列自主研发的核心技术。	ROIC：16.46%，排名前25%。扣非ROS：17.55%，排名前25%。ROE：7.09%。	客户集中度92.92%，供应商集中度85.51%。与业内标杆企业保持长期紧密战略合作的产业链优势。	WIND ESG评级：BB。信息披露规范，无违规处罚。	·专精特新小巨人。·视频多媒体处理芯片设计企业。

113

续　表

示范企业	创新引领	效率筑基	价值共创	合规尽责	特色亮点
诺唯赞	研发支出年均增长68.40%，排名前4%。研发支出占营收比重20.75%。拥有专利，排名前3%。其中发明专利32项，中国医疗器械注册证书67项。	ROIC29.71%，排名第32。扣非ROS：14.09%。ROE：97.69%。	客户集中度43.77%，客户覆盖广泛；供应商集中度17.59%。	信息披露规范，无违规处罚。	·专精特新小巨人。 ·同时具有自主可控上游技术开发能力和终端产品生产能力的研发创新型企业。

续 表

示范企业	创新引领	效率筑基	价值共创	合规尽责	特色亮点
中简科技	研发支出年均增长21.26%。研发支出占营收比重8.87%，排名前20%。具有国内碳纤维行业领军人物、双科学家人才优势。	扣非 ROS：49.71%，排名前1%。ROIC：17.61%。ROE：21.51%。	客户集中度99.61%，客户明确且集中度高；供应商集中度70.37%。	WIND ESG评级：BB。信息披露规范，无违规处罚。	·专精特新小巨人。·打破了国外对高端碳纤维的封锁和限制。

资料来源：WIND 咨询，各公司 2020 年年报及 2021 年半年报。

注：（1）创新引领部分：研发支出增长率和占营收比重为 2018—2020 年平均值，专利数截至 2021 年 6 月。（2）效率筑基部分：ROIC（投入资本报酬率）和扣非 ROS（扣非销售净利率）为 2016—2020 年均值，ROE（净资产收益率）为 2020 年数据。（3）价值共创部分：客户集中度、供应商集中度为 2020 年数据。（4）合规尽责部分：ESG 评级为截至 2021 年底的评价，违规处罚统计年份 2018—2020 年。（5）公司亮点部分：相关信息来自公司 2020 年年报及 2021 年半年报。

四

专精特新企业的成长机制

第一节　长期目标导向，愿景使命驱动

愿景是企业未来发展的方向，定义了企业要发展成为什么样的企业。使命是企业存在的理由，即企业为什么而存在。因此，愿景和使命就是企业的初心，具有凝聚和激励人心的功能，可以指引企业长期发展。尤其在市场、技术、社会、政策等外部环境不断变化的情况下，企业需要动态调整业务和职能部门，而在不断的调整过程中，企业容易发生偏航甚至陷入迷茫，有些企业会淡化或遗忘初心，最终走向衰败。愿景和使命的领航作用十分重要，可以帮助企业固航纠偏。

专精特新企业坚持长期发展导向，以愿景和使命来指引企业持续创新发展。如，小巨人企业恒锋工具将成为世界顶级精密刀具企业作为企业愿景，坚守为制造业善工利器的使命，在刀具领域不懈进取。中翰盛泰致力于成为一家具有创新、仁爱精神，尊重社会与环境，使员工引以为傲并获得合作伙伴长期信赖的企业，其存在的理由或使命则是专注医疗诊断和服务人类健康。正是这样明确的、鼓舞人心的愿景和使命，一方面激励着企业员工为了极具社会价值的事业而努力进取，在面临困难挑战的时候回望初心，迎难克艰，形成强大的组织向心力，共同创造美好的未来；另一方面可以赢得供应商、客户等利益相关者的信任和支持，互帮互助，协力促进企业创新发展。

尤其重要的是，随着越来越多的青年人加入企业，富有愿景使命的专精特新企业可以体现出不仅仅是为了经济利益而存在的理想和格局，帮助青年人在企业找到工作的意义，激发青年人为了一项有光荣使命和远大追求的事业而不懈投入，与企业共同成长。缺乏优秀青年人加入的企业，往往会出现人才断层的挑战，企业创新和可持续发展会遭遇困境。根据马斯洛需求层次理论，人的需求是分层次的，人的物质需求得到满足后，精神需求的重要性不断提升。所以，企业不仅需要重视满足员工的物质需求，还需要强化对员工精神需求的激发和满足，使员工在一种精神富有的环境中激情工作。利润之上的追求，成为专精特新企业持续成长的内在动力。

市场热点在不断转换，利益的诱惑常使一批企业不断变换主业。对热钱、快钱的追逐，不可避免地造成企业在核心业务上投资不足，影响知识技术的积累和装备的升级，从而难以形成核心竞争力。专精特新企业锚定一个细分领域，历经长时间的持续深耕，通过围绕战略目标的持续投入来构建自身的护城河。一个企业是否具有长期发展导向，可以考察企业的长期投资行为。如，每年资本性支出和折旧与摊销之间的关系[①]，可以用来衡量企业为长期发展所进行的投资水平和趋势。

有效投资不足是较长一段时间以来一直困扰国民经济增长的顽疾。尤其民营企业有效投资不足，既降低了经济的活跃度，也削弱了经济长期发展的动力。有效投资主要体现在固定资产等长期性资产的增量投资上，用财务数据描述，资本性支出反映当期发生的长期性投入，折旧和摊销则反映长期性资产的消耗。因此，资本性支出大于折旧和摊销时，长期资产将增加，一定程度说明了企业的长期导向。从 2016 年至 2020 年企业资本支出额和折旧与摊销额的比例可以看出，总体上，这五年间上市企业的长期性投资都有净增加，每年的资本支出水平都高于当年折旧和摊销的规模。如 2020 年，专精特新上市企业的资本性支出与折旧和摊销之比为 3.28，长期性增量投资最明显，而对照组上市企业的比值为 2.77，相对低于专精特新企业。从趋势上

---

① 资本支出是指构建固定资产、无形资产和其他长期资产支付的现金，属于企业的长期支出。折旧和摊销在会计上指固定资产折旧＋油气资产损耗＋生产性生物资产折旧＋无形资产摊销＋长期待摊费用摊销，属于当年折耗的长期性资产。

看，非专精特新上市企业的资本支出与折旧和摊销之比出现下降态势，从 2016 年的 3.19 降到 2020 年的 2.77，投资高于折旧的程度正在持续下降，尤其前三年更为明显，说明随着经济下行，对照组上市企业的发展策略开始趋于保守。而专精特新上市企业则不同，除了 2019 年有所下降之外，其他年份都保持同比增长的状态，从 2016 年的 2.70 快速提高到 2020 年的 3.10，在 2017 年超越对照组企业后领先优势逐渐加大，长期发展导向特征非常明显。从前文对净资产收益率的统计分析可以看到，2020 年是近五年中专精特新上市企业群体平均 ROE 最低的年份，但仍达到 13.2% 的高回报率。结合资本支出和折旧与摊销的比例关系，可以看出专精特新企业的固定资产等长期投资是非常高效的，很好地培育了企业的盈利能力。事实上，这也是长期目标导向瓜熟蒂落的必然结果。

从比较资本项目规模，同样可以看出专精特新企业长期目标导向的战略选择。企业的资本项目主要在于固定资产和无形资产上，用于企业规模扩张和装备升级，以及技术引进和知识积累。无疑，这些资产最终将转化成企业成长的核心驱动力。从 2016—2020 年企业资本项目规模维持率①的变化

①资本项目规模维持率 =［（本年固定资产－上年同期固定资产）+（本年无形资产－上年同期无形资产）］/（固定资产折旧＋油气资产折耗＋生物性资产折旧＋无形资产摊销）。

可以看出，除 2018 年，非专精特新上市企业的资本项目规模维持率总体出现下滑态势，但都能保持在 100% 以上，资本项目规模（主要是固定资产和无形资产）保持平稳小幅增长。比较而言，专精特新上市企业的资本项目规模扩张速度比非专精特新上市企业更加快速，除 2019 年外，其余年份都保持在 190% 以上，尤其是小巨人企业基本维持在 200% 以上。如 2020 年，专精特新上市企业资本规模维持率为 192.88%，其中小巨人上市企业为 236.70%，对照组的非专精特新上市企业则相对低些，为 122.06%。可见，专精特新企业更为重视长期发展导向的关键资源积累，为后续持续发展奠定扎实基础。

正泰深耕制造业 30 多年，坚持长期主义发展战略，在低压电器、绿色能源、智能制造等领域不断创新，凭借突出的创新能力和可靠的产品质量，市场份额行业领先，引领行业创新发展。在企业创立初期，当温州同行企业流行以低成本、低价格来寻求生存时，正泰就立志"赚明天的钱"，在要"票子"还是要"牌子"的抉择中毫不迟疑地选择了要"牌子"，即坚持做品质、打品牌的长期发展思路，一心一意做实业。正泰是中国民营企业中较早进行战略规划管理的企业之一，尽管在初期企业并不熟知战略管理的精要，但正泰已经认知到了面向未来发展的重要性。随着正泰规模实力的不断增强，21 世纪初，面对能源紧张、环境污染、气候变化等全球性难题，正泰审时度势将业务沿着产业链升级到新能源，致力于将正泰打造成为智慧能源解决方案提供商。在"一云两网"战略指导下，正泰不断创新发展，2021 年实现了集团营业收入和上市公司市值"双千亿元"的喜人成绩。

创业于 1984 年的三花控股集团有限公司（简称三花），以热泵变频控制与热管理系统设计技术为核心，坚持长期导向的专业化发展之路，现已成为全球建筑暖通、家电设备、汽车热管理节能领域的行业领军企业。旗下的浙江三花智能控制股份有限公司和杭州三花微通道换热器有限公司是单项冠军企业，三花电子膨胀阀是单项冠军产品，所拥有的家用制冷空调、商用制冷空调、家电节能控制、汽车空调及热管理系统和控制部件四大系列主导产品全球占有率第一或领先。三花是坚守愿景使命和长期主义发展的杰出企业代表。三花在创业和发展过程中始终面向未来寻找机会，很早就重视科技创新对企业长远发展的重要性，1987 年与上海交通大学联合研发出二位三通电磁阀，打破了国外垄断；1994 年提出"二次创业，振兴三花"的战略思想，指导企业向更高层次发展；1999 年制定"经营多元化、市场全球化、生产专业化"的战略思路，描述企业未来发展的宏图；2007 年确立节能低碳、智能控制的产品发展定位，对新能源汽车的发展趋势进行科学预判，从热管理切入，对技术和产品研发等进行超前部署，使企业在国际国内市场占得先机。[①] 三花在"发展智能低碳经济，营造品质绿色环境"愿景的指引下，坚持"通过专注、领先的技术，打造全球气候智能控制王国，引领世界行业发展潮流"的企业使命，通过不懈的努力，已经成为新能源汽车热管理模块的最大供应商。三花在践行长期发展战略的过程中有两个鲜明特质：一是始终关注未来市场和技术的发展趋势，保持高度敏感，超前预判，并确立长期发展战略；二是明确战略方向后专注坚定执行，通过强化管理、技术创新和人才建设来快速响应客户需求。

---

① 张道才. 对市场与技术发展趋势保持高度敏感. 企业家，2021(2).

第二节　深度聚焦主业，专注专精发展

专精特新企业注重聚焦主业专业化发展。从专精特新企业的自我定位看，其往往将专精发展作为企业发展的基本原则。如，我武生物将自身明确定位为发展具有重大技术优势或市场优势的创新药物或具有同类医药功能的产品、新医疗器械的专业化企业，风驰机械专注于低速车轮领域。这些小巨人企业清晰界定了自身的业务边界，将有限的资源投入既定的业务领域，持之以恒，不懈努力，在细分业务领域精益求精，在产品质量、品牌影响、成本价格等方面形成了较强的市场竞争力。相对而言，那些将资源分散配置在多个领域的中小企业，由于在每个业务领域都没有充足的资源投入，无法做到将每项业务进行专精化发展，往往出现"浅尝辄止""半桶水"的现象，产品难以具有明显的竞争优势，最终经济绩效平平。

尽管多数企业都深知专精发展的好处，但真正能够坚守下来实属不易。在外部环境尚有各种发展机会，尤其是有挣快钱的机会时，一些企业会选择进入多个"赛道"，跟着所谓的"风口"随之起舞。有些企业确实利用好了机会窗口，帮助企业实现了很好的收益，但也有不少企业在新"赛道"铩羽而归。要克服机会主义和坚持专精发展，需要企业对长期主义抱持坚定的信念，还得拒绝各种短期的诱惑。舜宇、正泰等强调专精发展的优秀企业，成功抵制住了各种挣快钱的诱惑，经年累月后最终成长为行业领军企业。

1. 聚焦主业

专业化经营的企业，其产品结构、收入结构等一般聚焦于一类或少数几类产品，收入主要来自核心业务。主营业务是企业的基本生产经营业务，主营业务收入在企业营业收入中的比重高低一定程度上反映出企业业务的聚焦程度。从 2016—2020 年各类上市企业群体的主营业务收入占比看，总体上，企业的业务都比较聚焦，主营业务收入占企业营业总收入的比重达到 97% 以上。其中，专精特新上市企业相对其他企业来说业务聚焦程度略高些，而且，在业务经营上的专注度有持续上升的趋势。在专精特新企业中，小巨人企业的业务经营更能体现专的特征，从营业收入的结构上看，业务聚焦程度更高，从 2016 年的 97.89% 提高到 2020 年的 98.15%，略高于对照组企业 2016 年的 97.39% 和

2020 年的 97.56%。[1]

业务的战略聚焦还体现在产品结构上。以 2020 年的数据为例，根据各产品的营收额排名分别计算企业各产品的营业收入在企业全部营收中的比重，结果显示，专精特新上市企业中，营收最高的产品占企业全部营收的比重平均为 61.34%，对照组上市企业为 60.83%，高出 0.5 个百分点；专精特新上市企业营收排名前三的产品合计占全部营收的比重平均为 91.14%，基本上三大主导产品支撑了企业发展，这一比例略高于同期对照组上市企业的 90.92%。由此可见，专精特新企业的主营产品更为聚焦，其中，单项冠军示范企业在这方面的表现更加突出。例如，泰和科技、顺络电子、安徽合力等单项冠军示范企业的第一大产品收入占营业总收入的比重在 99% 以上，产品高度聚焦。

2. 专注发展

经济发展过程中会不断涌现一些投资热点，对这些热点的高额投资回报预期往往会吸引资本的高度关注，进而引起资本的涌入，这种现象在资本市场尤为明显。上市公司作为资本市场的重要主体难免受到诱惑。近年来，资本

---

[1] 根据公司披露的主营业务收入和其他业务收入计算，剔除了信息披露不完整的企业样本。

市场不断冒出上市企业炒股、炒期货、炒房地产等新闻。但是，这些挂着"股王""期货王""地主"等头衔的上市企业虽然可能当年有很好的业绩，但几乎都是昙花一现，不少企业因为资金被抽离主业而资金链断裂，最终陷入困境。从长远的视角看，机会主义难以确保企业的长期稳定发展。

一段时期以来，我国产业发展和资本市场发展中有两个比较突出的现象。一是一些制造业上市企业涉足房地产行业。有的企业直接从事房地产开发，有的企业则进行房地产投资，甚至出现了依靠卖房子最终实现扭亏为盈的现象。二是上市企业的金融化现象。即上市企业把资金过多地投入股票、债券、结构性存款、信托产品、收益凭证及银行理财产品等金融资产上，对主业的投资反而减少。这种金融化的结果导致对产业的有效投资不足，影响企业和产业的后续发展。企业的金融化水平和在投资性房地产上的支出高低，很大程度上反映出一个企业是专注主业长期发展，还是追逐短期红利。以长期发展为目标导向的专精特新企业，在成长过程中需要抵制各种可能的诱惑。专的其中一层含义，就在于企业专注长远发展，而不是追逐短期利益。

企业获取利润有多种方式和途径。通过产品生产和销售、商业贸易、提供服务等途径获取利润是最基本的，也是最常见的。企业也可以依赖委托理财、投资其他公司的股票和债券、购买理财产品等金融投资的方式获取利润。偏离产品生产和经营活动，更多依赖金融投资获取企业利润的形式称之为企业金融化。

对于聚焦主业专注长期发展的专精特新企业而言，其金融化程度应该相对较低。以金融资产[①]占总资产的比重来衡量企业的金融化程度，数据显示，2019年专精特新上市企业和非专精特新上市企业这两大类企业的金融化程度较2018年有较大提高，除了关于金融资产确认和计量的会计准则发生变化的计量口径原因外[②]，真实的变化在于委托理财、结构性存款、购买理财产品和金融衍生品等交易性金融资产和其他权益工具投资的增加。这些增加项导致金融化程度事实上的提高。但是，从金融化程度的数值看，专精特新上市企业在2016—2019年均明显低于对照组上市

---

① 参照2018年财政部新颁布的《企业会计准则第22号——金融工具确认和计量》，金融资产主要包括交易性金融资产、衍生金融资产、债权投资、其他债权投资、其他权益工具投资和投资性房地产等六类。金融化程度＝金融资产/总资产＝（交易性金融资产＋衍生金融资产＋债权投资＋其他债权投资＋其他权益工具投资＋投资性房地产）/总资产。

②2017年3月31日，中财政部发布《企业会计准则第22号——金融工具确认和计量》，财政部要求：在境内外同时上市的企业以及在境外上市并采用国际财务报告准则或企业会计准则编制财务报告的企业，自2018年1月1日起施行；其他境内上市企业自2019年1月1日起施行；执行企业会计准则的非上市企业自2021年1月1日起施行。

企业，如 2016 年，前者平均为 0.72%，后者平均为 1.32%；2020 年处于大致相当水平，平均在 8.7% 左右。

专精特新企业投资性房地产占比相对较低。2016—2020 年，专精特新上市企业的投资性房地产占总资产比重总体上较对照组上市企业低 1 个百分点。如 2020 年，专精特新上市企业投资性房地产占资产总额的比重平均为 1.09%，对照组上市企业则要高些，为 2.29%。

3. 精益管理

在经营管理中建立精细高效的制度、流程和体系，实现生产精细化、管理精细化、服务精细化，是企业提升产品和服务品质、提高经营效率的重要途径。精益管理是企业核心竞争力的重要组成部分。在加强成本费用的控制、提高投入要素的产出效率方面，专精特新企业的表现比较突出。2016—2020 年平均成本费用利润率显示，专精特新上市企业整体上比对照组上市企业高 7.3 个百分点，尤其是小巨人上市企业，比对照组上市企业高出 10 个百分点。例如，中简科技、我武生物、泰祥股份等小巨人企业的五年平均成本费用利润率均超过 90%，其中，中简科技更是达到 113.47%。中简科技这种出众的成本费用利润率，一方面源自其主打产品高性能碳纤维的高附加值，另一方面离不开公司采取的询价比较和合格供方评价的采购管理模式、订单驱动式生产模式、大客户直销模式以及完整的技术规范、测试标准、接受准则过程和质量控制体系等全方位的精细化综合管控。

从不同年份企业的成本费用利润率变化趋势看，专精特新企业对成本费用管控的效率更为出色，也更为稳健，尤其在 2018 年后的三年更为突出。数据显示，2018 年，对照组上市企业的成本费用利润率相对 2017 年有较大幅度的下降，之后持续处于较低水平，较前两年下降了约 5 个百分点。反观专精特新上市企业，在 2016—2020 年均保持稳定状态，尤其 2018 年后的三年反而略有提高，从 2018 年的 16.98% 上升到 2020 年的 18.58%。这种效率提升的趋势和前文所分析的盈利性、经营韧性表现一致，是专精特新企

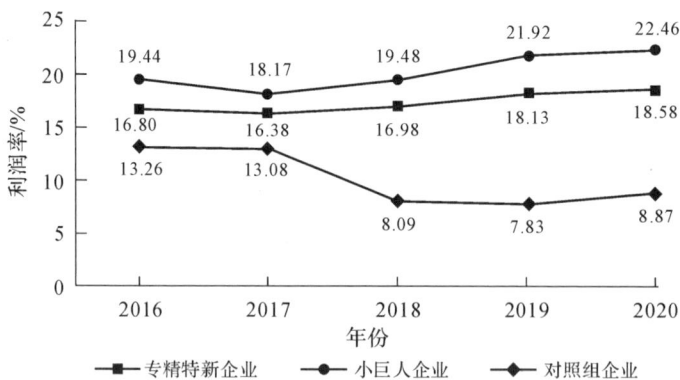

2016—2020 年不同类型企业成本费用利润率变化趋势比较

资料来源：WIND 咨询数据计算整理。

业竞争优势的重要组成部分。

高效的销售管理是体现专精特新企业效率优势的一个重要方面。企业在销售商品、提供劳务的过程中势必发生各种销售费用，如销售人员的工资、广告费、宣传促销费等。这些费用的高低，反映了企业销售管理的效率。为获得一定的营业收入而花费的销售费用越低，说明企业的销售能力越强，销售管理的效率越高。专精特新企业的产品大多为 To B 类的中间产品，在广告宣传、促销等方面的销售费用支出相对终端消费品的生产企业具有优势。2016—2020年企业销售费用占营业收入的比重统计显示，专精特新企业和对照组企业呈现相似的特征，即前四年保持相对稳定，略有上升，到了 2020 年有较大幅度的下降。专精特新上市企业每年的平均水平都低于其他企业。前四年在 7.54% 至7.91% 间波动，2020 年下降到 6.49%。对照组企业前四年在8.68% 至 10.34% 间波动，2020 年下降到 8.39%，每年比专精特新企业高 1.1 到 2.4 个百分点。专精特新企业中，小巨人企业总体上因规模较小、以配套为主等原因，销售费用占比在 2018 年前比对照组企业略高，但在 2018 年后明显下降并低于对照组企业。

小巨人企业的一大特色就是专注核心业务或主导产品进行专精发展。如，成立于 2009 年的杭州本松新材料技术股份有限公司（简称本松），是一家专注于聚酰胺工程塑料改性技术研发、生产和销售的企业。产品运用最初聚焦于低压电器领域，并在该领域拥有较大的市场份额，与正泰等行业龙头企业建立了长期深度合作关系。在低压电器领域形成较强的竞争优势之后，本松逐步向汽车、散热材料、电子连接器等应用领域拓展，现已形成了以改性 PA 为主、其他改性工程材料为辅、整体解决方案为核心目标的产品结构。这些细分领域的主要原材料基本相同，但配方和工艺不同。本松立足并充分发挥专业优势，没有偏离主业航道。

浙江科赛新材料科技有限公司（简称科赛）的创始人从 1970 年开始开展聚四氟乙烯产品研究，企业虽然经历了一段坎坷的发展历程，但两代掌门人不忘初心，坚守主业，一直专心做氟塑料产品。经过数十年的探索和积累，新材料研发和生产水平已处于国际领先地位，产品应用不断拓展到密封件、汽车、电子等多个领域，产品畅销全球 50 多个国家和地区。

华源自 1996 年创办以来，一直专注于氧化铁颜料产业，从最开始年产量 2000 吨发展到现在年产量 14 万吨，占全球市场份额 18%，成为世界第二的氧化铁颜料生产企业。在深耕氧化铁颜料行业的 20 多年间，华源的产品最初主要应用于建筑，通过不断增强研发和生产能力，现用相同的原料、部分相同的工艺拓展出新的功能性氧化铁颜料产品线，产品应用领域不断拓展，目前已进入烟草、磁性材料、锂电池、石油提炼催化剂、水处理剂、土壤改良剂、垃圾助燃剂、造纸、胶囊等多个领域，产品附加值不断提高，品牌影响力持续增强。

单项冠军企业是聚焦主业、专精发展的企业典范。但是，当企业资源能力逐步增长，其他行业出现很好的市场机遇时，抵制诱惑是企业专注主业的一大关键。正泰一直坚持"做专才能做精、做精才能做强、做强才能做大"的理念，深耕主业发展，即使企业有了较强的资源积累，也"烧好自己那壶水"，成功抵制住有些股东希望进入房地产行业"挣快钱"的诱惑，一心一意做实业，造就了 2021 年营业收入和上市公司市值"双千亿元"的行业领先地位。

出于对市场和利润的追求，一些企业常常会在发展过程中出现因盲目多元扩张导致失败的情况，一些则在尝试后又回归核心主业发展。20 世纪 90 年代初期，舜宇曾进行过"一业为主，多元开发"的尝试，在做好传统光学产品的同时，新上通信交换机、消防设备、工业陶瓷、节能灯等项目，但由于对这些行业不熟悉，付出了沉重代价。于是，舜宇剥离了不相关和不熟悉的产业，专注于自己熟悉的光电领域。[①] 即使是进入 21 世纪，房地产市场快速发展，眼见不少企业涌入房地产行业，舜宇还是坚定地做好自己的

---

① 邹伟锋. 舜宇光学科技（集团）有限公司：一个镜头成就百亿企业. 浙江工人日报，2019-3-22.

主业。2011 年 2 月 18 日，舜宇召开股东会议，抵御住了房地产等巨大诱惑，坚守光电制造产业定位。如今，舜宇已成长为光电行业的领军企业。

第三节　高度重视研发，持续开展创新

专精特新企业高度重视持续性地研发创新，形成创新驱动发展的战略导向和组织氛围。2016—2020 年，专精特新上市企业的研发支出占营业总收入的比重保持在 6.58% 左右，比非专精特新上市企业高出近 1 个百分点。而且，专精特新上市企业研发投入保持快速增长，研发支出总额年均复合增长率达到 23.09%。正是由于专精特新企业聚焦特定业务和技术领域，持续投入较高强度的研发创新，企业的创新基础和能级不断提升，创新产出效果持续显著。如，英飞特电子深耕 LED 照明驱动领域，构建出色的研发团队，在技术储备方面不断加大投入，积极承担和参与国家级重点研发项目，在驱动电源综合解决方案方面形成了独特的竞争力。江南阀门勇于挑战高精尖技术领域，进入对产品和技术要求很高的核电阀门市场，通过持续不断的技术投入和攻关，成功推出核电再热双阀组产品，技术达到国际领先水平，成为该领域的中国首个出口产品。

先进的工艺和装备是专精特新企业提升精密智造和创新发展能力的重要保障。目前在一些领域，国产装备的水平还落后于发达国家。一些专精特新企业投入大量资金购买国际先进的生产制造、研发、检测等相关装备，以提升企业的先进制造能力。如，贝隆精密购置具有全球顶尖水平的精密模具加工设备、检测设备、万级无尘注塑车间和精密冲压车间。有些企业注重对装备的持续改进，通过引进—消化—再创新不断提升装备的先进性和适用性，保障企业产出优质产品。同时，专精特新企业还很重视非研发创新，在采购和供应商管理、客户管理、制造管理、财务管理、人力资源管理和企业文化建设等方面进行创新改进，使科技创新与管理创新等方面有机融合。

专利是企业研发创新的重要产出，也是体现企业创新能级的重要指标。专精特新企业在创新过程中注重专利建设。据统计分析，对于4922家专精特新小巨人企业，目前平均每家企业累计拥有授权专利39.9项。从企业拥有授权专利数量的分档来看，41.93%的小巨人企业的授权专利数在20项以下，27.53%的企业拥有20~40项授权专利，12.37%的企业的授权专利数在40~60项，8.25%的企业的授权专利数超过了100项，0.08%的企业拥有超过500项授权专利。总体上看，超过80%的小巨人企业的授权专利数在60项以下，这与企业规模普遍不大、业务领域较为聚焦等实际情况相吻合。值得指出的是，小巨人企业往往在特定领域纵深发展，在细分领域内形成了较为深厚的隐性知识，这些隐性知识往往是工艺、诀窍等不可编码知识，其他企业模仿学习的难度较大，因此这些知识并不一定需要通过专利形式来保护和管理。

企业创新有程度之分，发明代表了前沿创新的成果。由于小巨人企业深耕细分领域，在细分领域积累了较丰富的知识，往往掌握着较前沿的技术。尽管小巨人企业之间的专利数量有较大差距，但发明专利的占比总体上比较稳定。统计发现，对于4922家专精特新小巨人企业，平均每家企业拥有发明专利6.8项，发明专利数占授权专利总数的比重达到了17%。其中，授权专利数500项以上的小巨人企业，发明专利占授权专利总数的19.0%；在有400~500项授权专利的小巨人企业中，发明专利占比为20.9%；授权专利相对较少的小巨人企业，如20项专利以下的企业中，发明专利占比也达到17.2%。可见，小巨人企业在扩大专利量的同时也重视提升专利的能级，显示出小巨人企业都较为重视对重要创新成果的保护和管理。

类似的，制造业单项冠军企业也普遍注重知识产权管理。发明专利为主的企业，注重对产品、方法及其改进提出新的技术方案，往往是创新能级较高的企业。实用新型专利为主的企业，注重对产品的形状、构造及其结合提出适于实用的新的技术方案，是创新水平较高的企业群体。外观改进专利为主的企业，注重对产品的形状、图案、色彩及其结合提出富有美感并适于工业应用的新设计。据统计，平均每家单项冠军企业拥有授权专利337项。其中，实用新型专利数占授权专利总数的58.7%，发明专利数量占比为26.9%，外观改进专利数相对较少，占授权专利总数的14.4%。可见，具有较大行业影响力的单项冠军企业，主要侧重于应用型创新活动，并在特定细分领域具有较强的前沿和原创能力。

单项冠军企业是制造企业中重视知识产权管理的企业群体，但专利数量还是存在一定的差距。从单项冠军企业授权专利数量的分布情况看，半数左右的单项冠军企业的授权专利数在100项以内，32.4%的企业拥有不多于50项授权专利，21.1%的企业拥有50~100项授权专利，两者合计达到53.5%；17.8%的企业拥有100~200项授权专利，22.1%的企业拥有200~1000项授权专利，6.5%的企业的授权专利数超过了1000项。

从单项冠军企业的三类专利数量占比的构成关系看，授权专利数50项以上的企业中，发明专利数占授权专利总数的比重在24%~30%，实用新型专利数占比在54%~65%，外观改进专利的比重则在8%~20%。相对而言，专利数少于50项的企业中，发明专利的占比较高，比重达到38.4%，外观改进专利的占比较低，仅占 6.5%。这些企业尽管专利总数不多，但很重视发明专利申请和保护，属于少而精的企业群体。

通过持续投入研发，推出符合市场发展趋势的新产品，是专精特新企业持续发展的重要保障。如，本松不仅重视研发投入，还在激励技术创新人员方面做了积极探索。本松首先保证研发人员的底薪基数高于其他岗位，并将研发人员绩效考核与销售团队捆绑，以实现技术创新与市场发展有机融合，还对技术应用前景好的创新项目和人员提前几年按照一定比例发放技术奖励，鼓励研发人员从事长期导向的技术创新。前沿性和基础性的技术创新要有很强的定力，才能在若干年后爆发市场竞争优势。照明、插座中的导热件过去是由金属制成的，本松研发出了高性能塑料替代金属，散热性能更好，对人体更健康。该项目从开始研发到正式盈利，整整亏损了 8 年，但最终以优质的性能赢得了市场，目前已和欧普、公牛等大客户达成合作。市场导向的持续研发创新，让本松的新材料不断拓展应用领域，目前已布局进入汽车行业，与一些国内外知名汽车品牌企业建立了合作关系，企业发展空间得到有效拓展。

中翰盛泰前身起家于外贸代理业务，创始团队意识到企业长期发展需要依靠自身的科技创新能力，于是从 2005 年开始布局快检赛道，投入大量资金进行技术研发，直到

2016 年才开始盈利，企业也成功转型成为一家高科技公司。在持续发展快检技术的同时，中翰盛泰在 2013 年启动了液相芯片技术的研发，历时 8 年终于在 2021 年投产。如今，中翰盛泰已形成了快检技术为主、液相芯片为辅的双技术平台。医学领域的科技创新门槛较高，高校和企业互有优劣势，因此，中翰盛泰积极与上海交通大学、复旦大学、浙江大学等高校深入开展科研合作，共同发表论文 200 多篇，合力推进技术创新和产业化。

正泰坚守主业近 40 年，从一家技术水平薄弱的地方小作坊升级成为具有全球影响力的科技创新型行业领先企业，技术创新能力是其最有力的助推力量。正泰围绕"电"发展业务，起步于低压电器，后进军成套高压电器，最近几年升级到新能源。电力行业是技术密集型行业，每次技术突破都需要投入大量资源。正泰根据不同业务的属性特点，立足将技术进步与产业升级融为一体，每年拿出销售收入的 4%~12% 用于研发，在国内建立国家级企业技术中心，在欧洲、北美、中东等地也建立研发机构，目前已在全球建起 20 多个研究机构，并积极与国内外院校、研究机构合作，探索产学研融合发展，形成多元化、开放式研发体系，有效整合利用全球创新资源，助力企业从规模扩张向创新发展迈进。[①]

　　宁波永新光学仪器有限公司（简称永新光学）是中国光学精密仪器及核心光学部件供应商，光学显微镜国家标准制订单位，拥有 NOVEL、NEXCOPE、江南等自主品牌，是徕卡相机、德国蔡司、日本尼康等国际知名企业的核心供应商。1997 年企业刚成立时，永新光学的第一笔订单来自美国一家公司，对方希望能在中国找一家光学激光读取镜头的合作企业以降低成本。通过艰苦的努力，永新光学顺利拿出了设计稿并达成了交易，但同时也意识到企业没有技术就会受制于人，并被市场淘汰，于是在 1998 年提出并实施了开发一系列新产品、改革六大技术工艺、建立相对稳定的五个核心大客户资源、推行八项内部管理制度的"1658 工程"，在融入光学全球价值链和与国际领先企业合作中"边干边学"，与国内高校院所开展产学研技术合作和人才联合培养，积极参与国家重大重点科研项目，不断提升企业的技术创新能力，业务也逐步从单一的传统光学显微镜生产向与光学、电子厂商配套的核心光学部件拓展，还将传统光学带入了电子信息产业。[②]

---

① 徐立京,许红洲,黄平,胡文鹏,柳文.正泰正青春.经济日报, 2021-12-28.

② 沈伟民.毛磊:光学隐形冠军 24 年砥砺前行.经理人,2020(1).

第四节　深耕国内市场，嵌入全球市场

　　企业成长的过程伴随着业务空间的不断拓展。在发展初期，多数企业因资金实力、成本和关系网络等方面的考虑，把业务范围集聚在本地区域市场，先扎根本地，积累发展所需的资源和能力，再逐渐向外扩张，这是大部分企业稳健成长的基本路径。从 2016 年至 2020 年各类上市企业最大区域市场^①的营收占比看，无论专精特新上市企业还是对照组上市企业，第一大区域市场的营收占比始终保持在较高水平，总体上超过了 60%。深耕的区域市场是企业发展中的锚，可以增强企业发展的稳定性和抗风险能力。对照组企业的第一大区域营收比重总体上呈现上升态势，从 2016 年的 63.29% 缓慢上升，到 2020 年加快上升到 67.37%，业务空间的收缩一定程度反映出收缩防御的态势。专精特新企业的变化趋势反映了从扩张到收缩的变化，2016、2017 年

①最大区域（或第一大区域）是指按公司营业收入排名最大的区域。数据来自各公司相应的年度报告。

总体呈现向外扩张的趋势，第一大区域营收占比从 62.64%
小幅下降到 61.82%，从 2018 年开始占比逐渐提升，到 2020
年达到 67.17%。这说明 2018 年后，受到贸易战以及之后疫
情的影响，专精特新企业也出现一定程度区域收缩的战略
态势。许多专精特新企业有较高的海外业务比重，且所介
入的产业和产品属性导致其容易成为贸易战中被重点针对
的对象，在这种情景下适度战略收缩，也是企业经营柔性
和韧性的体现。如单项冠军示范企业海康威视，2017 年国
内市场的营收占比为 70.68%，到 2018、2019、2020 年，国
内业务比重分别上升到 71.53%、71.84% 和 72.13%。与对照
组企业相比，专精特新企业第一大区域的营收占比总体上
比对照组企业低一些，向外扩张能力略强于后者。

专精特新企业往往依靠优质的产品赢得国内外客户的
认可，在细分领域具有较强的品牌影响力，从而占有较大的
市场份额。随着规模扩张和竞争力提高，大部分专精特新
企业都会面向国际市场，在多国或全球市场开展业务活动。

从国际市场的进入模式看，专精特新企业大多采用进
出口模式。国际市场进入模式主要分为进出口、合资合作、
对外直接投资或绿地投资等。对外直接投资需要在国外建
立工厂、研发机构、市场销售机构等，需要投入大量的资金、
人员等资源，尽管这种模式有助于企业与国外市场的客户、
政府部门等建立直接联系，有助于企业深入了解和把握国

外市场的特点和变化趋势，但较高的资源承诺度也导致企业面临较大的风险。总体上，目前大部分中国的专精特新企业会采用风险较低的进出口方式来应对国际市场的需求，有些优秀企业会谋求与国际一流企业建立长期合作关系，通过加强合作来满足国际市场。如，本松与GE、西门子等全球一流企业建立长期合作关系，德马科技在荷兰、德国、意大利、印度、越南、韩国等国家确立了合作伙伴。

需要指出的是，随着企业资源能力的积累、国际运营经验的增长和全球产业分工的深化，也有不少专精特新企业采用对外直接投资模式，如英飞特在多个国家建立子公司，德马科技在澳大利亚、美国、罗马尼亚建立生产基地和销售服务机构。专精特新企业选择对外直接投资建立工厂、研发机构和销售服务机构，大多是为了更便利地服务国外客户、更敏锐地洞察国际市场的需求、更有效地整合利用国外人才和科技资源等，逐步使企业从区域性企业迈向国际性企业。

从国际市场的进入范围看，专精特新企业业务覆盖较大。专精特新企业的产品往往以中间产品的形态出现，由于产品品质和品牌具有一定的优势，比较容易受到客户的喜欢，一般可以销往较多的国家和地区。如，八达机电的产品销往全球50多个国家和地区，英飞特电子的产品面向全球100多个国家和地区，大元泵业的产品覆盖150个国家和地区。在较多国家销售产品和提供服务，一方面对企业的跨国业务管理提出了较高的要求，另一方面为企业更全面地了解市场发展趋势、洞察不同市场的需求特点提供了学习机会，往往有助于激发企业的持续创新能力。

从国际市场的进入时间看，专精特新企业大多采用渐进式国际化节奏。大部分专精特新企业定位于首先服务好本国市场，尤其是在本国市场有较大市场容量空间的情况下，先与重要的本土企业和在华的跨国公司客户建立合作关系，在逐步积累技术、生产制造等相关资源能力之后，企业才会选择开拓国际市场。这些企业往往比较重视稳健经营，不太愿意冒太大的风险。这比较符合乌普萨拉学派定义的渐进式国际化发展模式，而较少采用"天生国际化"的快速国际化发展模式。后者是指企业成立初期就面向国际市场，这往往要承受较大的国际市场风险。但对于一些科技密集型同时国际市场需求较大的企业，也不排除其在比较早期就进入国际市场，而且还会采用深度国际化的运营模式。

以上市企业为例，2016 年至 2020 年专精特新上市企业的海外业务收入占企业全部业务收入的比重要略高于对照组企业，前者基本上维持在 24% 左右，后者维持在 23% 左右。其中，单项冠军企业的海外业务收入比重相对高些，小巨人企业会低些。如，2020 年专精特新上市企业海外业务收入占全部业务收入的比重为 24.05%，其中，单项冠军企业为 27% 左右，高于对照组上市企业的 22.81%，也高于小巨人上市企业的 19.98%。这基本上反映出专精特新企业在全球市场的地位，以及专精特新企业注重深挖国内市场并兼顾国际市场的特点，不会为了国际化而盲目国际化。当然，这也显示我国专精特新企业的国际化发展水平还有一定的提升空间。

中翰盛泰创始团队在早期创业阶段主要从事医疗器械进口代理贸易业务，在对全球医疗器械行业发展态势和国内市场需求特点有了深入了解之后，开始布局，通过自主研发实现医疗器械的国产化替代；在产品研发和制造能力得到有效增强后，于 2018 年成立了国际事业部，逐步向国际市场销售自主研发的产品。和许多中国企业类似，中翰盛泰 20 多年来的发展经历了从产品进口到产品自主研发、再到国际化的升级过程，在不断学习和探索中实现渐进式国际化。

华源自 1996 年建厂就开始面向氧化铁颜料国际市场，当时的销售收入绝大多数来自国际市场。华源这样的中小企业，做外贸业务有一个明显的好处，即业务操作流程相对规范，按照合同行事，双方企业人员之间的交流比较简单。有些客户与华源合作了 20 多年，双方高管从未见过面。但是，过度依赖外贸会使企业变得很有惰性，对市场需求的变化趋势缺乏洞察和敏锐性，客户也对企业的具体情况不够了解，尤其是企业通过代理商出口产品，不利于企业打造品牌。因此，华源在创立不久就重组销售团队，既做国际市场，也做国内市场。目前，华源的国内国际市场销售占比约各半，外贸不行，内贸发力，内贸不行，外贸发力，使得企业营收实现稳步增长。

正泰起步于低压电器业务，2004年在上海松江投资35亿元成立占地1300多亩的正泰电气股份有限公司，开始从低压元器件向高压输配电设备产业拓展。2005年，正泰和美国通用电气公司（GE）就部分业务成立合资公司，开始对标国际先进企业进行自我全面变革。2009年，正泰成立了五大海外洲区的销售部，并按照"国际本土化"理念，推动企业深度融入到符合当地法律法规和需求特点的国际市场。2018年，正泰的新能源业务成功进入越南、荷兰、埃及等市场，不断扩展海外市场版图。[1]通过持续深耕国内、国际两个市场，正泰不仅在温州、杭州、上海、嘉兴、咸阳、济南、盐城等地建立了制造基地，还在泰国、新加坡、越南、马来西亚、埃及、柬埔寨及阿尔及利亚等设立了区域工厂，在欧洲、北美、亚太和亚非建立了4个海外研发中心，拥有6个海外营销区域和20多个国际物流中心，为140多个国家和地区提供产品和服务。

---

① 李佩聪 . 正泰新能源：筑锦添 "光" 者的野心 . 能源 , 2019(3).

第五节　保持较少负债，注重稳健经营

企业的成长需要与战略资源相匹配。资源和能力的培育是企业成长的根基，而资源和能力的增强是一个循序渐进的持续学习和积累过程。这决定了真正具有竞争力、能保持可持续发展的企业，通常注重稳健经营，行稳致远。2018年，随着"去产能、去库存、去杠杆"政策的推进，一些上市企业因商誉减值暴雷，并引发不少民营上市企业的债券违约潮。导致这波违约潮的主要原因，在于前期较为宽松的宏观政策环境下许多企业采取激进的财务战略，借助并购等方式快速扩张。这种过度激进的快速增长，一旦进入紧缩周期，金融去杠杆和融资渠道收缩对企业的资金链产生巨大冲击，从而影响企业持续发展的根基。

专精特新上市企业与对照组上市企业在2016—2020年的资产负债率存在一定差别。数据显示，对照组非专精特新上市企业在五年间的资产负债率平均保持在39%~40%，杠杆水平比较稳定。[①] 相对而言，专精特新上市企业的杠杆水平总体上低于对照组企业，从 2016 年的 38.25% 下降到 2020 年的 35.49%。其中，小巨人上市企业的资产负债率更低，从 2016 年的 34.35% 下降到 2020 年的 30.01%，比对照组企业低了 5~10 个百分点。

按照资本结构理论，合理的财务政策应该是在市场环境向好、经济形势趋于上升时期适度加杠杆，通过债务的杠杆效应提升盈利水平，创造更多价值。相反，在经济下行时期，应采用去杠杆的适度财务收缩策略以抵御风险。专精特新企业杠杆率的变化，反映了其谨慎稳健经营的战略导向，有利于企业增强抗风险能力、提高经营韧性、成功穿越经济下行周期。

华源在发展过程中很注重夯实企业长远稳健发展的基础，不追求短期内的高速扩张，甚至还主动牺牲短期利益换来长期发展的优势。比较典型的两个事件，一是用三年的利润建造行业内最大的污水处理厂。2007 年爆发了太湖蓝藻事件，引起相关政府部门的高度重视。氧化铁产品在生产时有中低浓度氨氮污染物排放，是蓝藻生长的最佳条件，身处湖州德清的华源承受了巨大压力，如何治理中低浓度氨氮是当时的世界难题。当时华源的生产被有关部门

---

① 剔除了一些净资产为负、负债率异常高的样本企业。剔除的负债率异常高的公司基本上都是对照组企业，不涉及专精特新企业。

全部叫停，只有治理好污水才能重开。华源将这次危机视为行业发展机遇，认为国家重视污染防控的措施对竞争对手也会产生重要影响，同时，新进入者面临的行业门槛也更高了，于是决定坚决治理污水。2006年华源全年的利润在790万元左右，而这次为了治理污水，华源投入了2380万元（不包括土地投入），相当于企业3年的利润。建设污水处理厂用了100多天时间，董事长竺增林在这100多天里坐了五六十趟飞机，到处考察学习，设计图纸堆起来有将近两米。最后终于建成了一个近20多亩地的污水处理厂，也是当时行业里最大的污水处理厂，处理能力是当时华源产能的两倍。

二是用三年半时间和三亿元整治厂房。起步于德清乡下的华源，初期对工厂生产环境没有精心规划，生产基地里11个车间是交叉的，内部物流也比较混乱，成品和半成品随意摆放……这样的生产环境存在安全隐患，生产运营效率也十分低下，厂房整治迫在眉睫。2012年到2015年，华源的经营效益非常好，整治工厂车间仿佛也不那么紧要。是否尽快整治厂房，成为困扰决策者的难题。华源更多考虑影响企业长期稳健发展的因素，认为一是要做到未雨绸缪，效益好的时候不改，一旦企业效益下滑了就更不可能改了。二是要树立行业标杆，高标准规划建设厂房不仅可以改善自身的生产运营条件，还可以引领竞争对手跟随，同时，高昂的固定成本投入还会提高行业进入门槛，整个行业的发展水平可以提升到一个新的高度。于是，从 2015 年开始，华源用了三年半时间，投入 3 亿元资金，重新设计建设了厂房，并引入自动化技术，产能提升了 40% 左右，用工量却下降了 40% 左右。华源采用稳健发展战略，也与氧化铁颜料行业发展和市场竞争格局相对稳定有关，持续提升产品和服务质量对企业发展至关重要。同时，企业的生产工艺、技术研发、生产能力和人才梯队等都需要慢慢积累和提升，如果过于追求高速成长，这些资源能力不足以支撑，反而会导致企业发展面临较大的风险。

第六节　持续提升品质，增强品牌影响

　　产品品质是专精特新企业持续发展的基础保障，也是赢得客户和获取理想收益的基本原因。所以，专精特新企业十分重视持续改进产品质量，一是建立生产管理、产品检测等方面的质量管理体系，如引入 6S 生产管理体系、ISO9001、ISO10012 质量管理体系论证等，严格规范产品质量管理的要素、流程和方法。二是加强产品质量相关人员的培养，以高素质的专业团队来确保产品生产制造过程中每个环节符合质量管理要求。如，八达机电拥有一支专业高素质的产品检验队伍，恒隆车业通过加强员工技术培训使每位员工懂得如何在本职领域正确管理产品品质。三是严格把控供应商质量，由于原材料、零部件等产品质量水平直接影响制成品的品质，一旦上游供应商的质量缺乏有效把控，企业的产品品质提升就缺乏基础，所以，专精特新企业往往与供应商建立起深度协作关系，尤其注重利用行业优质供应商的资源能力，还可能会主动帮助供应商提升产品质量。如，正泰在较早期时，为了提升产品品质和打造品牌影响力，专门组建技术和管理方面的帮扶队，指导和帮助中小供应商提升产品质量，供应商的产品品质和技术管理水平得到了明显改进。在一大批优质供应商的协同支持下，正泰的产品品质有了很大提升，实现了双赢。

由于注重产品品质管理，相当多的专精特新企业打造出了品牌影响力，有些企业获得了省级名牌产品和著名商标、中国驰名商标等称号，有些企业的产品荣获了行业奖励甚至填补了行业空白。这些荣誉对专精特新企业满足客户需求和提高行业地位产生了积极作用，助力企业持续高质量发展。如，本松以优质的产品质量和高响应性服务赢得客户的认可，成为世界一流企业 GE 的全球优秀供应商、德力西电气十年卓越合作伙伴，行业美誉度不断增强。

提升产品质量，打造强势品牌，是企业提升竞争优势的重要源泉。企业的品牌溢价可以通过产品的毛利率得以反映。毛利是营业收入和营业成本的差额，毛利率反映了产品的成本溢价，如苹果、茅台等公司的高毛利率，主要体现了其品牌带来的附加价值。2016—2020 年，专精特新上市企业的毛利率基本维持在 35% 左右，对照组上市企业的毛利率呈现小幅下滑态势，从 2016 年的 33.92% 下降到 2020 年的 32.02%。小巨人上市企业的平均毛利率相对较高，2016 年至 2020 年均维持在 40% 以上，表明企业的溢价能力更加突出。

由于行业属性的差异，不同行业之间的毛利率水平存在较大差异。因此，通过同行比较毛利率的差异更能准确显示专精特新企业品牌的溢价能力。从比较 2020 年几个主要细分领域内企业间的毛利率水平可以看出，在化工、机械、半导体、电子仪器设备等行业内，专精特新上市企业的毛利率都较大幅度领先对照组上市企业，表明专精特新企业的品质和品牌竞争优势明显。如，化工行业专精特新上市公司的毛利率平均为 29.74%，高于对照组上市企业的 23.06%；机械行业专精特新上市企业的领先优势明显，毛利率平均为 32.92%，对照组上市企业则为 28%；半导体产品与设备行业专精特新上市企业和对照组上市企业的毛利率相差较大，前者为 38.31%，后者为 30.42%；电子设备、仪器与元件行业也有类似情况，前者为 36.34%，后者为 29.41%。

一般而言，小巨人企业对业务领域和产品的选择更加聚焦，企业规模小且多属于配套类企业，更需要通过强化产品品质和品牌来提升自己的议价能力。所以，小巨人企业的毛利率较高，如在化工、机械、半导体、电子仪器设备等细分行业，2020 年小巨人上市企业的毛利率水平总体上要高于对照组上市企业 10 个百分点左右。

华源在发展过程中注重培育和提升品牌影响力。根据企业自身的技术和生产实力，为了更好地打造品牌声誉，华源将客户主要定位于行业前几位的大客户，这些大客户主要分布在色浆、涂料、造纸、陶瓷等行业。服务行业优质大客户，可以带动华源的品牌效应。同时，华源加强与大客户的紧密合作，大客户愿意把市场需求和变化趋势等情况及时反馈给华源，助力华源开展有针对性的产品创新。华源积极参加国外的橡胶展、塑料展、涂料展、造纸展等各种专业展会，以接触和开发更多大客户。在服务客户时，华源坚持使用自主品牌，不断积累品牌资产。经过不懈努力，目前华源已成长为具有很强品牌影响力的行业领军企业。

正泰是中国民营制造企业成功进行品牌建设的典范。正泰起步于浙江省乐清市柳市镇，在这个民营经济发达的温州乡镇，20世纪八九十年代就遍布着大量低压电器小工厂和作坊。当时，本地同行企业的产品同质化问题比较严重，企业往往采用低价竞争来获取市场，低价竞争导致产品质量无法有效提升，区域市场形象不佳。正泰创始人南存辉先生很早就意识到这个问题的严重性，在企业没有多少资源积累的情况下，多次去上海邀请专家来工厂指导工作。面对"要票子还是牌子"的拷问，他选择不挣快钱而慢慢打造品牌，成为业界佳话。为了确保和提升产品质量，正泰投入大量资金建设低压电器检测站，严格把关产品质量，产品在许多区域市场得到免检，还荣获了中国质量管理领域的最高荣誉"全国质量管理奖"，成为一个具有国际美誉度的全球知名品牌。①

　　舜宇在品牌建设方面有独特的思路，成功实施了"名配角"战略。舜宇不仅定位于专注服务行业的一流企业（名角），做好自身的配角角色；还要做配角里的名角，因为做一般的配角会使企业处于被动地位，生产和研发容易受到主角的影响，尤其是在舜宇所处的技术和资金密集型光学行业。只有配角拥有足够的资源和能力去承担主角所提出的各种研发和生产要求，尤其是主角要求配角投入资源去开发新产品、调整生产线，面对试错和探索具备强大抗风险能力的配角，才有可能成为配角中的名角。为此，舜宇始终对市场保持敬畏，专注自己的光电领域，把一件事情做到最好。实施"名配角"战略，倒逼舜宇提升自身的能力。其客户都是全球顶尖企业，综合能力非常强，对舜宇的设计研发、生产制造、产品品质等方面提出了很高的要求，于是舜宇全方位高标准提升生产管理、制造工艺等，在服务和满足名角要求的过程中，自身的能力得到了明显的提高，成为一家受一流客户认可和尊重的"名配角"。为了做好"名配角"，舜宇还不断提升自己供应商的能力，培养了一批优质供应商，带动了整条产业链高质量发展。

---

① 张玫. 坚守实业路积极"走出去"——记正泰集团董事长南存辉. 经济日报, 2018-11-19.

面向一流企业做"名配角",给舜宇发展带来了一些独特的好处,如大客户一般会下大单和长单,企业不需要经常性调整生产,大批量生产可以极大地提高生产效率。同时,由于主要服务少数几个大客户,市场营销费用也比较低。

第七节　核心团队稳定，员工高效成长

　　高效和创新是专精特新企业持续发展的两大内驱，人才队伍则是提升企业运营效率和增强企业创新能力的核心关键。培养稳定性高、技能熟练的各级人才队伍是专精特新企业的重要工作。人才工作往往是企业的"一把手工程"，应立足行业和企业的实际情况构建并完善人才培养体系。

　　一是注重凝练和践行个性鲜明的人才理念。企业以特定的人才理念为导向，在招人、用人、留人方面建立了完善的人才培养制度。如，迈得医疗秉持"诚信责任、工匠精神、以德为先、适用为才"的人才培养理念，新和成特材树立了"品德优良、心态平和、业绩卓越"的人才观。由于形成了个性鲜明的人才理念和制度，这些企业更容易形成差异化的独特优势，企业也更受各类人才的认可和信赖。

　　二是重视员工职业生涯规划和培养发展。如，中翰盛泰坚持企业和员工共同发展的战略导向，创建学习平台，鼓励和支持员工学习成长，主动为员工发展提供更多机会；

迈得医疗建立了规范化的职业发展规划和成熟的培训体系，助力员工按照职业生涯规划不断提升自身能力水平。相对而言，由于专精特新企业重视对员工的职业生涯规划和培训工作，对存量人才资源的开发利用程度较高，员工对企业的忠诚度也普遍较高。

三是营造良好的员工工作和生活环境。员工对工作和生活环境的要求正在发生新的变化，对安全、健康、社交等提出了更高的要求。如何使员工在企业以愉悦的心情工作成为专精特新企业的一大任务，否则，企业难以用好和留住各级员工。恒锋工具坚持以人为本，历来注重员工的工作环境和职业健康安全支持体系建设，通过采用清洁生产、安全生产等措施，持续改进员工的生产和办公环境；八达机电通过建造篮球场、图书室、阅览室、乒乓球室、棋牌室、健身场所等场所和设施，为丰富员工的业余生活提供有力的支持。

四是注重建设特色企业文化及其活动。专精特新企业往往围绕自身的人才理念，在企业的愿景、使命、价值观、行为规范等方面凝练和完善企业文化，并通过各种形式的企业文化建设活动来活化人才建设理念。有些企业谱写了企业厂歌，成立工厂节和比赛日，开展团队建设，把企业的人才理念内化到各级员工，并努力促进言行一致，假以时日，塑造出个性鲜明的企业精神风貌。

五是实施绩效导向的员工激励制度。专精特新企业注重对人力资源的高效使用，同时强调基于绩效导向给予员工强有力的激励，包括物质激励和精神激励。如江南阀门坚持"高绩效，高激励"，使工作绩效好的员工得到应有的回报；迈得医疗为员工提供行业内有竞争力的薪酬，激励员工不断提高工作业绩；新和成特材既重视员工对企业的忠诚度，又重视员工的近期业绩表现，在承认员工过往贡献的基础上引导员工不断创造新的成绩，而不是躺在功劳簿上。

中翰盛泰的四位创始人1997年创办杭州丽珠医疗器械有限公司，始终紧密团结、不断进取。作为一家生物医药高科技企业，研发创新周期长，市场不确定性高，中翰盛泰高度重视留住、用好研发创新人员，让研发员工真正与公司共成长。中翰盛泰在这方面进行了积极探索：一是科学评估研发人员项目所处的阶段，主动为研发人员提供各种项目选择，为科研人员不断突破技术边界提供施展才华的空间。二是对研发人员设置奖金提成，从项目立项之初，公司就设立好对研发团队的考评和奖励提成机制。研发团队开发出来的产品在注册之后，根据未来5年的市场表现，公司提供一份额外的提成奖金。三是实施创新委员会机制，支持员工根据自己的研究兴趣主动发起研发项目，创新委员会对项目进行评审，如果符合要求，该项目会由对应员工带队开发，员工成为项目的主人，本质上是一种内部创业机制。通过一系列有针对性的创新举措，不断激励优秀员工创新成长，打造出了一支较为稳定的创新队伍。

华源从 1996 年创办至今，员工很稳定，忠诚度高，核心高管司龄都在 15 年左右。华源对不同层次的员工实施不同的激励措施，对高管的激励偏向股权激励，为中层干部设计职业上升通道，并主动悉心培养，对一线员工则更多是薪酬激励和员工关怀。"不爱员工如子，就不能要求人家爱厂如家。"华源的员工有不少来自湖北省农村，每年过年，公司包车送员工回去，包车接员工回来。近两年员工买车了，公司才开始不包车接送。华源高管每五年会到员工老家过年，高管带着厂里面十几个中层干部开车过去，在当地住上三天，分别到十几位员工的家里发红包、吃年夜饭。二十多年，华源董事长大多数年份都在厂里和留在厂里的员工一起吃年夜饭。前年湖北受疫情影响较大，华源有 100 多名湖北员工。复工复产的时候，企业所在地政府补贴企业招工，但华源认为工作对原来的员工很重要，否则就有失业的可能，坚持不招聘新员工，依靠剩下的三分之二员工开展工作，等待湖北员工回来。最终，湖北员工基本都回来上班。华源认为企业对员工好，对员工一视同仁，员工会懂得感恩，队伍执行力、凝聚力都会比较强。

"钱散人聚"是企业构建稳定高效团队的重要方法。

正泰的发展历程是一个不断完善和升级共创共享机制的过程。在正泰发展的早期，创始人南存辉稀释股权给家族成员，凭借家族企业制度的优势，正泰发展成为温州当地低压电器行业的佼佼者。1994年，随着正泰集团的成立，南存辉整合大量社会资本，股东增加到40多位，南存辉的个人股份进一步稀释。1996年，正泰实施"股权配送，要素入股"的股权激励方案，通过股权配送制度将优质资本配送给企业优秀人才，一大批管理和技术人员成为股东，南存辉及其家族成员的股份进一步稀释，非家族成员的股东占了多数。股权激励让正泰获得了对企业持续创新发展至关重要的人力资本，一大批优秀的技术专家、经营管理人才脱颖而出，成为企业发展的核心力量，企业发展实现了新的飞跃。[①]正泰极力推动内部创业，如今智能电气、绿色能源、工控与自动化、智能家居等业务板块，在一批青年才俊的内部创业驱动下发展势头迅猛，正泰正在向智慧能源解决方案提供商方向迈进。

舜宇是坚持"钱散人聚"理念、实现企业发展壮大的典范。1994年，舜宇进行股份制改造，把企业的资产全部量化分配给管理人员、技术人员，当时在册的350名员工全部成为股东。1997年到2000年，舜宇又先后进行了三次资

---

① 戎文华. 从家族企业到企业家族——百亿元正泰集团股权"稀释"成长路. 国企管理，2019(3).

产量化配股。2003 年开始，舜宇对获评"舜宇优秀人才"的员工给予股份奖励。2010 年，舜宇用 1 亿股上市公司的股票奖励公司中层以上干部和优秀员工。2015 年，舜宇又把股份激励面扩大到科级以上管理人员和工程师以上专业技术人员。[①] 如今，早年入职的厨师、门卫都成为千万元富翁，创始人王文鉴的股份并不多。[②] 舜宇一直信奉共同创造的企业发展理念，创始人王文鉴先生虽然学历不高，也不是某个领域的专家，但他眼光长远，领导力强，为人和善真诚，懂得凝聚、培养人才。创业初期，他带着 8 名高中毕业生前往浙江大学学习光学技术，培养出了企业骨干团队。舜宇的现任高管团队成员普遍在公司工作了 20 年以上，通过长时间相处，团队成员价值观趋同，团队凝聚力很强。舜宇不仅用分配机制使员工与企业成为深度合作的利益共同体，员工的潜力不断得到激发，还注重先让员工认同企业文化，再进行业务岗位的技能培训，将人才放到重要的岗位加以历练，待出成绩后就提拔任用。在舜宇过去十几年的高速发展中，员工不断为企业创造价值，同时获得经济回报，实现个人价值，进一步帮助企业创新发展，形成了共创、共享、共长的良性循环。

---

① 邢孟军. 民营企业如何成功跨越"三座大山"？舜宇集团有限公司经验探究. 宁波通讯, 2016(11).
② 陈晓平. "名配角"舜宇. 21 世纪商业评论, 2020(4).

第八节 勇当行业标杆，引领行业发展

业界流行着"一流企业定标准，二流企业做品牌，三流企业做产品"的说法，尽管内涵未必精确，但也体现出了标准竞争的重要性。专精特新企业在发展中不断积累资源和能力，持续提高技术能级和产品品质，成为细分行业的标杆企业，引领着行业的发展方向。依托自身在行业的丰富经验和前沿知识，专精特新企业积极主导或参与制定国际标准、国家标准和行业标准，在凸显企业自身行业地位的同时，引导同行企业迈向更高更优的发展水平。如，恒锋工具担任全国量标委花键量具工作组的召集单位，参与修订了多项国家标准；华普永明参与制定了130多项国家、团体、行业和地方标准。

通过主导和参与制定各类标准，专精特新企业与行业优秀企业、协会组织、政府部门等加强了交流学习，帮助企业有更多机会和渠道了解行业的发展现状和未来方向，更加清楚自身在国内外同行中的优劣势，也帮助企业以高

标准来形成差异化竞争优势，在市场竞争中赢得有利地位。实践中，当企业之间在产品功能、品质和价格等方面较难形成差异化时，参与和主导高水平标准的制定可以成为区分企业行业地位的一个信号，因为能够参与制定标准的企业数量不多，而且其综合能力或特色能力一般都比较强，这些企业更容易被客户识别和认可。

一批单项冠军企业积极主导和参与各类标准的制定，引领行业高水平发展。永新光学成立于 1997 年，是光学显微镜国家标准制定单位，主导制定了 ISO9345 显微镜国际标准。显微镜行业是一个古老但极需工匠精神的光学仪器行业，原来相关的标准主要由日本、德国和美国等传统光学仪器强国来主导，而且标准也都非常成熟。永新光学很重视标准，从 1997 年开始就一直参加国际显微镜标准会议，但那个时候基本上处于跟追者状态，没有什么话语权。2015 年，在美国丹佛显微镜国际标准化会议上，德国方面提出废除主要涉及成像部件之间的连接尺寸、关键成像系统的配合等内容的四个标准。这些标准一旦被废除，中国企业出口显微镜就变成了非标产品，而且，国内一批生产显微镜的企业经过多年努力才建立起来的技术基础都要推倒重来。于是，永新光学在会上当即表达反对意见，并提出由自己来制定标准。会议主席在征求各方代表的意见后，同意由永新光学来主导制定这项显微镜国际标准。接到任务后，永新光学随即成立标准编写专家小组，通过夜以继日的努力，"显微镜光学关键部件联接尺寸"国际标准 ISO9345 的初稿在 2016 年初的东京标准化会议上得到通过，在 2017 年通过了委员会审查。这是中国人首次在光学精密仪器领域拥有了标准主导权。①

杭州制氧机集团股份有限公司（简称杭氧）创立于 1950 年，是世界一流的空分设备和低温石化装备供应商，大型、特大型空分设备产量和销量全球第一，总体技术达到国际领先水平。在发展过程中，杭氧数十年聚焦主业，不断进行技术创新，形成了以国家企业技术中心、国家级检测中心、浙江省气体分离与液化设备工程技术研究中心等高能级技术创新和工程平台为主体的全面协同技术创新体系，主导或参与制定国家、行业标准 49 项，其中有 33 项气体分离与液化设备领域标准，占该领域标准总数的 80%。②

总体而言，上述八个方面的成长动力和保障因素构成了专精特新企业的成长机制。这种成长机制可以进一步归纳提炼为相关联的四个层次。

一是动机内驱。专精特新企业以明确的愿景和使命作

---

① 彭新敏，王昕冉，慈建栋. 永新光学：阶梯式学习铺就冠军之路. 清华管理评论，2021(6).

② 杭州唯一！杭氧新入选全国"科改示范企业". 杭州日报，2022-3-23.

为企业持续成长的内驱因素，在愿景使命的驱动和引领下，企业形成了长期主义的发展导向，避免受到内外部利益和其他短期因素的干扰，心无旁骛地专注于打造基业长青的优秀企业。一旦愿景使命得到员工的认可，专精特新企业就有了自身的精神和灵魂，为员工找到了共同努力的理由和方向，可以激发员工的积极性和创造力，并在持续努力中逐渐实现长期目标。

二是特色业务。愿景使命定义了企业的发展方向和存在理由。但是，如果缺乏具体业务作为载体，即使雄心勃勃、立意高大的愿景使命也难以真正落地和实现，此时的愿景使命大概只能沦为空想。专精特新企业既注重"仰望星空"，又强调"脚踏实地"，把做专做精做强做大特色业务作为践行愿景使命的关键载体。为此，资源能力约束明显的专精特新企业，会在细分市场精心识别出符合自身实际的业务领域，并聚焦主业专精化发展，打造具有较强竞争力和附加值的特色业务，助力企业成功实现既定的愿景使命。

三是流程匹配。特色业务不会自动自发形成，而需要企业采取一些行之有效的举措。这些举措主要包括五个方面：通过持续较高水平的研发创新投入产出优质的产品和服务，通过保持较低水平的负债率增强企业的稳健经营能力，通过持续改进产品质量提升企业和产品的品牌影响力，通过累积深耕国内市场的经验知识赋能企业国际化运营，通过勇担行业标杆引领行业高质量发展。而且，这五个方面的职能性流程之间要有机协同和融合，共同助推企业打造特色业务。

四是人本强基。高效的流程需要相关的资源保障，其中，人力资源是最为基础和关键的资源要素，缺乏强有力的人才支撑，技术创新、品质品牌建设、国内外市场经营等流程都难以实现。所以，专精特新企业把人才队伍建设作为企业持续发展的根基，一方面注重打造稳定性较高、专业素养优的人才队伍，筑牢企业高效运营的人力资源基础；另一方面强调培养提升各级人才队伍，帮助员工与企业、行业和时代一起成长，增强企业持续创新发展的关键要素保障。

从动机内驱、特色业务、流程匹配和人本强基四者的关系看，主要分为两种主导逻辑：一是自上而下的引领逻辑。愿景使命指引企业长期导向，特色业务需要匹配性的职能流程加以支持，高效的职能流程又依赖人才基础。以这类主导逻辑进行发展的企业，往往呈现出以鲜明的愿景使命引领发展的特点。二是自下而上的驱动逻辑。丰富和优质的人才队伍资源帮助企业建立高效的经营、创新、财务、管理等职能流程，高效的职能流程支持企业发展特色业务，特色业务帮助企业提出更深远和宏伟的愿景使命。以这类主导逻辑开展生产经营的企业，往往呈现出关键要素驱动发展的特点。实践中，专精特新企业往往将这两种主导逻辑加以融合，既注重发挥愿景使命的引导和激励作用，又强调人才等关键要素的支撑和驱动作用，从而形成愿景使命、特色业务、匹配流程和人才强基上下融通、相互促进的内在机制。这种复合性的企业成长机制，需要企业在发展过程中不断探索和优化，成为专精特新企业持续健康成长的强大动力和保障体系。

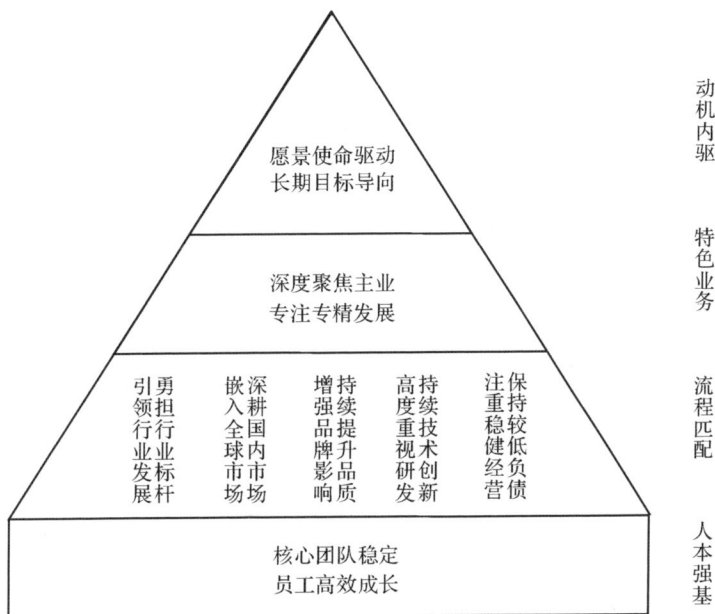

愿景使命驱动
长期目标导向
　　　　　　　　动机内驱

深度聚焦主业
专注专精发展
　　　　　　　　特色业务

引领行业发展标杆　勇担行业标杆　深耕国内市场　嵌入全球市场　持续提升品质　增强品牌影响　高度重视研发　持续技术创新　注重稳健经营　保持较低负债
　　　　　　　　流程匹配

核心团队稳定
员工高效成长
　　　　　　　　人本强基

专精特新企业的成长机制

五

专精特新企业的成长模式

第一节　企业成长一般路径及其演进

企业成长不仅是企业业务品类、经营规模、地域范围的扩张，更为重要的是企业品质品牌、客户价值创造和盈利能力的增长。前者是量的增长，后者是质的提升。现实中，有些企业过于强调规模扩大但忽视成长质量，企业陷入没有过硬竞争力的"虚胖"状态；有些企业过于重视成长质量但规模难以有效增长，企业过早面临成长"天花板"的约束。任何企业都无法做到完美无缺，企业遭遇的困难与问题需要在成长中加以缓解和解决，企业面临的机会需要在成长导向中得到有效开发和利用。所以，优秀的企业普遍注重平衡量的增长和质的提升，使两者有机发展，最终实现高质量发展。

专精特新企业多为中小制造企业，嵌入并深耕在全球价值链的特定环节，其成长路径遵循着制造业发展的基本逻辑。参考全球价值链与产业集群升级理论（Humphrey 、

Schmitz，2002）[①] 和企业成长理论（彭罗斯，2007；邬爱其，2007），专精特新企业的持续成长总体上沿着"工艺流程创新—产品创新—品牌创新—延链集成—跨链拓展"的路径依序展开。

1. 企业成长一般路径

（1）流程创新

对于制造企业而言，生产工艺流程是企业降本增效和提升产品品质的基础。否则，企业若没有科学合理精细的工艺流程，对原材料、零部件、生产设备、劳动力、厂房空间等生产要素难以进行有效的组合配置，会加重相关的生产成本，同时，很重要的是无法保障企业生产制造的良品率，导致生产资源的浪费和客户的不满，最终削弱企业的市场竞争力和可持续发展能力。

专精特新企业按照精益生产等理念不断创新和优化生产工艺流程，以优异的生产工艺流程来提高生产效率和产品质量稳定性等。实践中，相当多的专精特新企业通过引入国内外先进生产设备或对现有生产设备进行自动化改造、动态调整优化生产流水线、加强车间和班组规范化管理、

[①] Humphrey, J. and Schmitz, H. How does insertion in global value chains affect upgrading in industrial clusters? Regional Studies, 2002, 36.

引入看板管理、进行管理体系认证、培训一线熟练操作工人等方法，稳步提升企业的生产工艺流程水平。

（2）产品创新

产品是企业与客户价值交换和价值共创的现实载体。优质的产品可以满足客户的需求，增强客户对企业和产品的满意度和忠诚度，助力企业构筑起坚实的成长基础。由于客户的需求总是处于变化和升级状态中，尤其是个性化需求越来越明显，企业需要通过产品创新主动应对客户的新需求。产品创新不仅要求企业以客户需求导向进行产品研发，还需要匹配生产制造、市场运营等能力。如针对个性化定制需求，企业与客户建立更为紧密的合作关系，精准洞察和了解客户需求，同时提升企业生产工艺流程的小批量柔性化制造能力。

在切实提升生产工艺流程水平的基础上，专精特新企业根据客户的要求和需求开展产品创新活动，主要是推出性价比更高、品质优良的新颖产品。大多数情况下，专精特新企业开展的是渐进式产品创新，对上一代产品进行迭代创新，改进产品的某种特定性能，如安全性、防腐性等。产品创新要求专精特新企业具有较强的研发设计能力，而流程创新能力是一大关键基础，否则新产品生产制造效率和质量稳定性等都会存在问题。

（3）品牌创新

流程创新主要强调企业的生产制造能力升级，产品创新主要强调研制出在形态、功能属性等方面具有一定新颖性的产品，更为强调企业的设计研发能力升级。但是，功能属性优、性价比高的产品未必能够赢得市场更高的认可度，此时，企业的营销和品牌管理能力显得十分重要。品牌是企业价值理念的体现，可以向客户传达企业的个性化价值追求，凸显企业的特色化竞争优势，争取赢得目标客户的心智，提升企业与客户的黏性，增强企业的议价能力。

专精特新企业大多面向企业客户（To B）的中间产品供应商，在行业和企业客户中同样有发展品牌的必要性。通过打造企业和产品的品牌，向市场传达鲜明的客户定位和价值诉求，专精特新企业可以在同行企业中形成差异化和特色化优势，有助于密切与客户的业务合作，最终与主要客户形成相互依赖和共同成长的关系。有效的品牌创新与管理，可以帮助企业的产品实现更优的经济回报。

（4）延链集成

前述的流程创新、产品创新和品牌创新，是指企业在产业链某一特定环节的创新活动。也就是说，企业在特定的业务领域范围内如何改进生产工艺、增强产品创新和升级品牌影响。随着企业在上述三个方面的发展，企业的市场成长如果还是面临"天花板"，持续成长空间受限，那么，企业沿着自身相对熟悉的产业链上下游拓展业务则成为一种稳妥的成长战略选择。

专精特新企业可以沿着当前的产业链往前后环节延伸发展，也就是在同一产业链的多个相关环节开展业务活动。通过生产制造多个环节的零部件产品，企业可以将多个产品进行组合，从零件、部件走向组件产品，也就是集成产品。在这种情况下，专精特新企业还是主要面向既有的客户，通过提供集成产品满足客户的多种相关需求。需要指出的是，专精特新企业沿着产业链延伸发展时，应特别关注拟延展发展产业链环节的成长空间、利润水平、竞争格局以及与现有业务环节的组合可能性等关键问题。如果计划进入的产业链环节存在成长性不高、盈利水平偏低、竞争激烈、不适合多业务组合等情况，专精特新企业决策需要格外慎重，因为延链集成发展反而可能弱化企业的竞争力和盈利性。

（5）跨链拓展

当通过延链集成发展还难以满足企业成长需求时，企业可以考虑进入新的产业链，此时，企业成了典型的多元化发展企业。专业化发展和多元化发展两者本身很难说孰优孰劣，现实中既有专业化发展十分优秀的企业，也有多元化发展很成功的企业，关键在于企业自身的战略取向和资源能力支撑。理论上，相关多元化发展是一种较为稳健有效的跨链拓展成长方式，因为相关多元化发展可以有效利用企业的共享性资源，如供应链、生产制造、市场渠道、管理才能等资源，产生协同效应。

在新的产业中，有些企业还是坚持专精发展原则。如横店集团秉持"多元化发展，专业化经营"原则，在电气电子、医药健康等多个产业进行研发和生产，打造出了横店东磁、得邦照明、英洛华、新纳材料、普洛药业等多个具有专精特色的专业化公司。有些企业则更多追求规模化扩张，没有力求在多个产业领域做精做强，此时的企业就是一家普通的多元化企业。

2. 企业成长路径演进

从企业的成长阶段看，总体上，专精特新企业主要聚焦于流程创新、产品创新和品牌创新这三个阶段，在夯实工艺流程的基础上加强产品创新，在持续推出新产品的基础上重视营销和品牌建设，在特定业务领域内赢得更多的市场份额和更优的收益回报。当前，我国很多中小制造企业还处在优化工艺流程和增强产品创新能力阶段，在这两个领域尚有很大的挖潜空间；也有一些专精特新企业已经塑造出了一定的品牌影响力，但在一些高精尖领域与国际竞争者相比还有一定差距，需要努力嵌入全球一流企业主导的全球产业链和价值链体系，通过加深与一流伙伴企业的战略性合作，打造出真正具有全球影响力的品牌。上述三种成长路径需要专精特新企业在生产制造、技术创新、品牌营销等单点上具有较强的专长能力，即单元核心能力。这种单元核心能力的形成与提升，往往与专精特新企业在特定产业链和价值链领域纵深发展过程中持续积累默绘知识高度相关，默绘知识大多是不可言传的经验、诀窍、习惯等。由于企业发展背景等条件不同，竞争者难以模仿、获取这些默绘知识，因此可以成为企业竞争优势的重要来源。

在企业发展的战略方向设计上，如果专精特新企业在流程创新、产品创新和品牌创新方面已经有卓越的表现，后续的进一步发展可以立足和发挥企业在特定业务领域的专精优势向产业链前后相关领域延伸，以集成产品和服务来打造新的竞争优势，如在产业链和价值链中从三级供应商向二级供应商和一级供应商攀升。跨链拓展往往是最后阶段的战略选择，因为进入新的产业领域，尽管可能面临着新的发展机会，但对企业在知识和能力方面也会有新的挑战。我们不能武断地判定专业化发展企业和多元化发展企业孰优孰劣，关键在于企业自身的资源能力是否与特定的战略目标相匹配。

所以，延链集成和跨链拓展需要专精特新企业实现较大程度的能力跃升，需要从原来的单元核心能力升级为多元协同整合能力。这种多元协同整合能力的形成与增强，突破了企业原有的知识基，需要不断扩展企业的新知识来源，如新业务领域的生产、市场、管理等知识。而且，不同来源的新知识与原有的知识基容易产生冲突，企业需要重构新的知识体系，并实现不同类型知识的有机融合，否则容易导致新旧业务、不同职能部门之间的协同困难。实践中，二元组织或双元组织的架构设计可以较好地克服企业持续成长中多业务、跨部门的协同难题，既确保传统优势业务的持续发展，又激发新兴业务的快速成长，还推动不同业务间的隔离和协同。

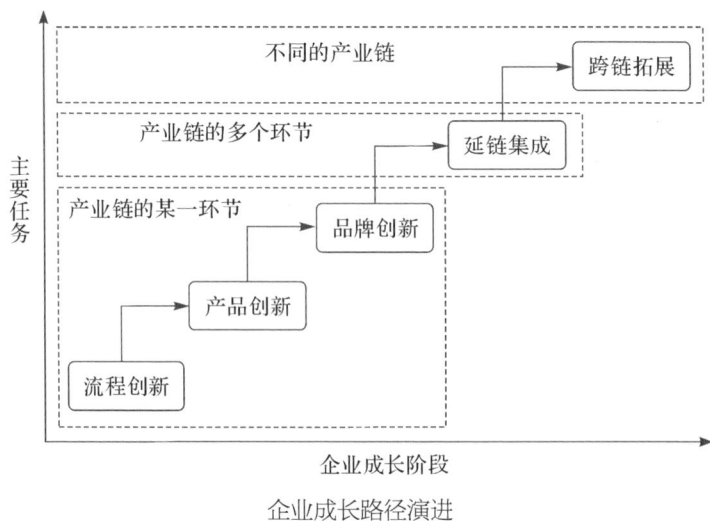

企业成长路径演进

　　需要指出的是，即使在延链集成和跨链拓展成长阶段，企业还是需要以流程创新、产品创新和品牌创新为基础，否则，企业成长大多停留在以规模扩张为特征的量的增长上，以品质品牌为核心的质的提升难以实现。

第二节 专精特新企业典型成长模式

如前所述，企业持续成长总体上沿着"流程创新—产品创新—品牌创新—延链集成—跨链拓展"的路径展开。从企业成长模式看，专精特新企业主要采用点式成长和链式成长两种主导模式，一些规模实力较强的企业会采用平台生态成长模式。

1. 点式纵深成长

专精特新企业最具特色的主导成长模式是点式成长，聚焦企业的核心业务领域垂直深耕发展。专精特新企业的点式成长模式，主要从运营效率高、创新能力强、服务增值多、品牌声誉好等方面来实现。

（1）提高业务运营效率

专精特新企业聚焦核心业务，通过不断改进运营效率来产出性价比更高的产品，最终赢得市场。提升企业的业务运营效率是一项系统性工程，不仅要注重对劳动力、资金、设备等单一要素资源的高效使用，如提高劳动生产率、资金周转率等，实现降本增效的效果，还要强调对多种要素资源的优化组合使用，如更新改造生产设备来降低对劳动力的依赖、提高薪酬奖金来提升员工工作投入度和创新性等，实现不同要素资源的最优配置。所以，提高企业的业务运营效率，切不可仅关注如何提高单一要素的使用和产出效率，更为重要的是，要从系统思维角度来整体性提高效率，否则，单一要素效率的提升可能会引致其他要素效率的波动，最终导致企业业务运营的整体效率不高甚至降低。中简科技、我武生物、泰祥股份、亿联网络、天宜上佳等专精特新企业在提升运营效率方面创出了自己的路子。

北京天宜上佳高新材料股份有限公司是一家主营高铁动车组用粉末冶金闸片及机车、城轨车辆用合成闸片／闸瓦系列产品的单项冠军示范企业，主要产品包括粉末冶金闸片、合成闸片、闸瓦等，是国内领先的高铁动车组用粉末冶金闸片供应商。作为机械制造企业，公司探索出了涵盖研发、采购、生产、销售的体系化高效经营模式。首先，从研发设计端入手。通常产品设计端决定了产品成本构成的 75% 以上，因此公司对每项新产品、新技术均需经过严格的分析讨论，评审立项后才能进入产品的设计、开发。其次，在采购环节应按照公司内控流程加强供应商选择、管理、价格谈判和合同签订，并对货物进行监控跟踪，保证在供应周期内货物充足。再次，在生产端采取以销定产的计划管理，结合客户需求、销售订单、客户来料、工艺规程以及历史销售等情况精益生产，并利用信息技术手段对生产全流程监督跟踪与检查，保证公司产品质量的可追溯性。最后，销售环节结合轨道交通行业的特性，主要通过参与客户招投标等方式，采用直销模式节约销售成本。通过系统化的运营和管理控制，公司取得了降本增效的良好效益。2016 年至 2020 年，企业扣非后的销售净利率达到40.94%，成本费用利润率 86.02%，在专精特新企业中处于领先地位。[①]

（2）增强产品创新能力

专精特新企业深耕核心主业，在长期的业务经营中不断积累研发设计、生产制造、客户需求等方面的知识，并形成了一些独特的经验诀窍。由于专精特新企业在特定的细分领域中专精化发展，往往与核心客户保持着紧密的沟通合作，可以更为敏锐和深刻地洞察客户需求，加上丰富的产品研制经验，更有能力推出切合市场需求的新产品。客户需求导向是企业产品创新的基本原则，尤其当企业面临的市场需求变化较快、较大时，不可以主观臆想的客户

---

① WIND 咨询，天宜上佳 2021 年度报告。

需求来替代真实的市场需求。

亲近客户是洞察和了解客户需求的有效方法，除了客户明确提出的具体需求外，现存观察、消费体验、非正式交流等都有助于加深企业对客户需求点的理解。所以，提升专精特新企业的产品创新能力，不仅依赖企业过往累积的经验，还需要企业与客户、原材料和零部件供应商等上下游保持密切合作，在协同开放创新中实现持续发展。

华源过去研发生产的氧化铁颜料产品都是粉状的，通过技术创新研发出了液体状颜料和颗粒状颜料。尽管粉状、液体状和颗粒状氧化铁颜料从化学性质来说都是同一种物质，但它们的物理性质有所不同。颗粒状颜料是超微细产品，使用起来没有粉尘。国外市场对环保要求越来越严格，客户要求产品在使用过程当中不产生粉尘，粉状产品就无法满足要求，对超微细的颗粒状颜料提出了市场需求。但是，超微细颜料产品要磨到很细，还不能黏结起来，在运输过程中要保持互相独立，这些都是非常大的挑战。华源依托强有力的技术能力成功研发出了超微细的颗粒状氧化铁颜料产品，成功打开了新的市场。华源专注在氧化铁颜料领域，经过调研发现，功能性氧化铁有很大的市场，因为氧化铁可以作为功能性材料，如磁性材料、锂电池的催化剂、石油提炼催化剂等。于是，华源专门组建科研团队研发各种功能性氧化铁，经过多年不懈的探索，目前已经初见成效。比如，比较粗犷的垃圾发电焚烧，容易产生强致癌物，而且燃烧会不够充分。针对这一问题，华源研发出了垃圾发电的助燃剂产品，该产品按照一定比例添加到垃圾里面再去燃烧，可以减少致癌物排放并加速燃烧。针对社会和市场存在的相关问题，华源用先进的技术不断研发新产品，这些新产品短期可能没有明显的经济效果，但未来很有可能给华源带来成倍的增长。

（3）增加服务增值能级

专精特新企业大多产出工业中间产品，保持出色的产品功能属性是打开市场的基础保障，但这很可能无法帮助企业实现最优的收益回报，因为很多情况下产品的功能属性较容易同质化，在激烈的市场竞争环境下同质化产品往往只能采取低价来获取客户，会不断削弱产品的盈利水平。所以，专精特新企业往往采用"制造＋服务"的方式，在向客户提供优质产品的同时注重客户服务体系建设，以高响应性的个性化品质服务将企业与竞争者区隔开来，并在服务过程中增强客户的黏性，最终提升产品的议价能力。

面向企业的服务可以是多层次、跨领域的，但企业提供全方位服务需要耗费大量成本，客户未必愿意全额支付，因此，专精特新企业需要重点关注客户所需服务的焦点领域，提供最能产生增值效应的服务内容。如，在化工等对生产安全要求较高的行业，企业提供的零部件或相关产品可以纳入在线智能化监测检测等服务功能，帮助客户降低因生产设备故障带来的安全隐患。

中翰盛泰自 2000 年开始聚焦体外诊断细分赛道，确立了"专注医疗诊断，服务人类健康"的企业使命。从起初的代理贸易业务，到自建研发团队，与高校合作走技术创新道路，20 多年他们没有离开快速诊断这个赛道。公司在经营上关注"聚焦、创新和精益"三个方面。首先是聚焦主业，再在聚焦主业的基础上进行创新，最后是精益化经营管理。2008 年公司成为全国医用临床检验实验室和体外诊断系统标准化技术委员会（SAC/TC136）单位委员，参与起草、制定 / 修订了多项国家行业标准。2013 年，公司与上海交大合作开发液相芯片，在液相芯片平台技术上创新性地采用"基于主客体结构的新型光学编码微球新策略"，解决了"卡脖子"技术。2020 年，公司实施 i-211 高质量可持续发展经营战略（i——核心生物原料供给系统，2——快速诊断和液相芯片两大技术平台，1——医保市场，1——非医保市场）。在 20 多年的发展过程中，公司始终将产品和技术作为公司发展的主力，将专注客户服务作为公司发展的助力，通过提供优质的客户服务来提升产品的附加值和竞争力。为了做好客户服务，公司构建了本地化服务团队，在全国各地市场配置售后工程师，并加强对服务团队的日常培训，建立较为完善的考核体系，产品经理和工程师团队经常主动了解仪器设备使用情况并进行保养维护。

　　经过多年创新发展，本松打造出了以客户为中心的运营机制和组织文化，不仅为客户提供高性能改性工程塑料产品，还持续为客户提供解决方案的能力。如果客户提出相关需求，本松会根据产品需求进行建模和分析，将样品注塑成型，真实模拟使用场景，提高客户的开模率，开发出符合客户需求的优质产品。本松很重视客户服务，尤其能对售后问题快速响应，售后团队能做到当天到达江浙沪客户所在地，江浙沪之外地区第二天也一定到达，与客户一起快速分析和解决相关问题，得到了客户的高度认同。有一次，本松的一个产品在客户仓库里放了两三个月后出现黄斑，客户认为是本松的产品质量问题。客户利益至上，本松首先选择了应承，答应赔偿，并着手分析和解决问题。本松立即成立团队分析原因，夜以继日地在客户的工厂研究，发现这是由于客户的装配工人在夏天将制件手工拼接的时候出了很多手汗，汗渍与制件表面发生化学反应，放置一段时间后就会变黄。经过不懈的努力，本松找出了解决办法。本松对待问题认真负责的态度让客户非常满意，随后客户给了本松更多的业务订单。虽然这样的事件看似本松吃了亏，但公司以客户需求为第一要务的服务理念和行动让客户十分感动，"好产品＋优服务"助力公司持续健康发展。

（4）提升企业品牌声誉

专精特新企业大多是中间产品的生产者，主要面向企业客户而非终端大众客户，一些企业并不太注重品牌建设。事实上，中间产品生产企业同样需要品牌建设，尤其是在产品同质化较为严重的情况下，企业和产品品牌可以向客户传达清晰而鲜明的价值诉求，如效率、安全、环保、智能等价值元素，一旦与终端客户的价值理念相吻合，这类企业的产品就会拥有更强的议价能力，更容易在市场竞争中脱颖而出。

企业品牌建设需要结合自身的愿景使命和客户的价值诉求，在满足客户一般性价值诉求的基础上，突出特定点上的品牌优势，否则会模糊客户对企业品牌的认知，起不到品牌建设的实际效果。如对于精密生产型企业，可以强化企业在精益制造、质量稳定等方面的能力建设和价值创造，这样容易赢得客户的共鸣和认可。当然，有些优秀的企业可以预见未来市场需求的趋势，提出符合时代潮流的品牌价值诉求，如先于同行企业提出绿色低碳发展理念，并率先进行一些实践探索，就可以形成一定的先发优势和品牌影响力。

三花前身是绍兴市新昌县的一家乡镇企业，1984年张道才当上厂长时还在为企业到底做什么业务犯愁。后来，经过调研决定生产厨房冰箱的电磁阀，以此作为核心业务深耕发展，不断提升产品研发和制造能力，后来先后进入空调制冷的零部件和新能源汽车的热管理系统领域。三花以热泵变频控制与热管理系统设计技术为核心，经过数十年专注领先和创新追赶，目前拥有了家用制冷空调、商用制冷空调、家电节能控制、汽车空调及热管理系统和控制部件四大系列产品，主导产品全球占有率领先。在发展过程中，三花持续凝练和强化"管理之花、科技之花、人才之花"的品牌内涵。质量是品牌的基础，三花历来重视产品质量管理，推行卓越绩效管理模式，推动企业从产品实物质量管控走向企业经营质量管控。三花智能控制股份有限公司在 2008 年荣获"全国质量奖"之后，2012 年再次以总分第一的成绩摘得"浙江省政府质量奖"。三花还相继荣获中国名牌、中国驰名商标、中国出口名牌等荣誉和称号。2017 年，三花汽零获得了有 80 多年历史的美国《汽车新闻》杂志 PACE 大奖，创造了中国汽配行业的新记录。PACE 奖是全球汽车行业极具声望的奖项，被誉为汽车行业的"奥斯卡"奖。优质的产品品质和服务，助力三花与全球领先的制冷空调家电和汽车行业客户紧密合作，主要客户是通用、福特、博世、西门子、奔驰、宝马、奥迪、大金、东芝、松下、三星、格力、美的等世界 500 强和中国 500 强企业。三花也是新能源领军企业特斯拉热管理系统的关键零部件供应商。三花还荣获了江森自控"优秀供应商金奖"、麦克维尔集团（属于大金集团）"战略合作奖"、美的"优秀供应商"、海尔中央空调"战略合作伙伴"等一系列荣誉。三花微通道产品自 2007 年进入北美市场，江森自控是三花最先合作的一个重要客户，过去十几年双方一直紧密高效合作，来自江森自控的年均业务增长率超过了 23%。

　　实践中，专精特新企业如果能够在运营效率、产品创新、服务增值和品牌声誉四个方面的某一方面有优异的表现，成为行业内运营效率领先或服务最优的企业，就可以帮助企业打造出较强的竞争优势和成长能力。如果专精特新企业能够围绕主导产品或核心业务，在运营效率、产品创新、服务增值和品牌声誉四大方面齐头并进且都有出色的表现，那么，企业在这个点（主导产品和核心业务）上就会拥有非常强劲的竞争能力，会极大地支撑企业深度挖掘市场价值和实现持续高质量发展。

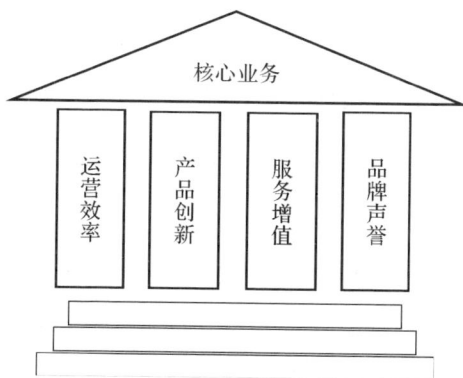

专精特新企业点式成长模式四支柱

2. 链式水平成长

随着企业聚焦核心业务或主导产品的点式成长面临瓶颈，专精特新例如可以基于产品、技术、市场等关键资源的相关性程度，从点式成长模式向链式成长模式转型。专精特新企业的链式成长模式主要包括延链发展关联复合产品、拓展核心技术应用场景、挖掘关键客户多元需求等具体形态。

（1）延链发展关联复合产品

专精特新企业强调聚焦核心业务或主导产品进行专精化发展，在细分行业领域打造出特色优势。但由于细分市场的市场空间往往较为有限，尤其是在行业发展趋缓的阶段，此时，专精特新企业可以立足自身在产业链特定环节所积淀下来的研发、生产、市场服务和品牌基础，沿着既有的产业链向相关环节发展，例如可以从生产单元零部件迈向生产制造组件等复合产品。

沿着既有产业链向上下游或相关环节延伸发展，其好处在于：一是企业比较熟悉相关的市场、技术和制造等情况，企业的资源能力匹配度相对较高，可以有效发挥现有的基础优势，实现稳健发展。二是企业可以通过研发、生产系列关联产品，增强企业的复合集成能力，尤其是研制复杂产品的能力，在产业链中争取更优势的地位，赢得更大的成长空间和更好的经营收益。所以，围绕既有核心产品延伸产业链环节发展系列产品，是专精特新企业实现持续发展的重要成长方式。这堪称基于产品相关性的企业成长方式。

正泰一直以来坚持聚焦主业发展，秉持"做专—做精—做强—做大"的发展逻辑，一步步实现从低压电器到高压电器再到智慧能源解决方案提供商的转型升级。正泰起步于低压电器行业，在低压电器领域深耕发展，产品品类稳步拓展。1984 年，乐清县求精开关厂（正泰集团前身）成立，仅以 8 名员工进入低压元器件产业。1986 年，工厂投资建立了温州地区第一个也是全国民营企业第一个热继电器试验室。为了更好地满足市场需求，企业通过技术创新不断拓展产品品类，交流接触器、熔断器、断路器等一系列低压电器产品陆续面世。2010 年，正泰自主设计研发的 Ex9M 系列塑壳断路器荣获世界顶级工业设计大奖——德国"红点奖"产品设计奖，成为低压电器行业首个获此殊荣的企业，填补了我国在高端电气设计领域的空白。目前，正泰的低压电器产品品类已十分丰富，在低压电器产业链领域拥有明显的综合优势。

在不断拓展低压电器产品品类的同时，正泰很重视产品质量和品牌建设。如，1991 年求精 CJ10-20、CJ10-40 型交流接触器获"浙江省产品质量检查合格证"，1996 年正泰牌断路器、交流接触器、继电器列入中国名牌商品库，1999 年正泰商标被认定为中国驰名商标，2003 年正泰牌塑料外壳式断路器、万能式断路器、电度表首次荣获"中国名牌产品"称号。2007 年，根据中国品牌研究院《中国最有价值商标 500 强》排行榜，正泰以 28.11 亿元的商标价值位居中国最有价值商标低压电器行业第一位。2020 年，根据《中国低压电器市场白皮书》，正泰在中国低压电器市场份额为 14%，仅次于施耐德的 15%。品牌影响力的取得，与正泰对产品质量精益求精紧密相关。正泰于 2001 年通过 ISO9001（2000 版）质量体系认证，2004 年摘取全国质量管理领域最高奖项——全国质量管理奖，成为行业首家获奖民营企业。

（2）拓展核心技术应用场景

专精特新企业聚焦核心业务或主导产品开展技术创新活动，包括改进优化生产制造工艺流程和产品研发创新等，不断积累相关的知识和经验，成为该核心技术领域的创新能手和领先者。当现有产品领域的市场发展空间受限时，企业可以将这种核心技术转移应用到其他产品市场领域，如精密智造技术既可以应用到仪器仪表制造领域，也可以应用到医疗器械生产领域，还可以应用到汽摩配零部件加工领域。

专精特新企业可将既有核心技术知识和相关优势拓展

应用到其他新的场景，继续发挥关键核心领域的专长，在较短时间内以相对低的成本在新业务领域赢得市场机会，即构筑一定的时间和成本优势，进而缓解以新研发技术进入新业务领域所带来的高成本和高风险。所以，拓展核心技术的应用场景，可以成为一种基于技术相关性的企业成长方式，是专精特新企业持续稳健发展的一大战略选择。

成立于1984年的舜宇，目前已经成长为行业领军企业。纵观舜宇近40年的成长历程，依托自身过硬的产品研发和制造技术能力，敏锐洞察行业市场的变化发展趋势，将自身核心能力应用到前瞻性行业市场之中，实现企业持续转型升级和高质量发展。创业初期，全国很多地方兴办照相机厂，舜宇创始人王文鉴敏锐地意识到照相机市场在未来会有广阔的发展前景，于是贷款创办了余姚县第二光学仪器厂。王文鉴带领团队迎难克艰，快速提升企业的生产制造能力，抓住了市场机遇。1985年，工厂确立了光学冷加工发展方向，开始为浙江照相机一厂生产镜片。为了提升生产率，1987年工厂引入光学冷加工最佳参数，对"高速抛光"工艺技术进行创新优化，奠定了扩大产能的坚实基础。1986年后的几年，工厂不断开拓市场，先后为天津照相机公司、江西光学仪器总厂等企业生产镜头产品，在国内光学行业形成了一定的优势。为了增强企业的技术创新能力，1989年工厂与浙江大学光仪系合作建立科技生产联合体"浙江大学光仪系余姚光电仪器总厂"，开始了经典的"你设计、我生产"的产品研发生产合作模式。随着数码相机替代传统相机，舜宇与时俱进研发新产品，2000年成功开发了30万像素的数码相机定焦镜头这一公司盈利的拳头产品。持续深耕和不断创新，让舜宇在照相机行业有了很强的市场地位和品牌影响力。

20世纪90年代，信息技术快速兴起，电脑、手机等电子产品不断普及，市场发展势头迅猛。舜宇发挥其在光学领域的技术和制造能力优势，成立光电信息事业部，布局研发电脑摄像头、手机镜头、摄像模组等产品。为了提升自身在这些关键产品领域的技术能力，舜宇与多家高校开展产学研合作，在手机摄像头图片获取和传输能力等方面攻克了多个软硬件难点，并加速了量产进程。2004年舜宇实现手机摄像模组量产，2005年成立光电公司并大举进军手机模组业务等光电产品领域，又一次在国内行业中占了先机。2006年底建设光电的COB产线，奠定了国内模组厂的领导地位。2007年以后，随着智能手机市场的爆发，手机镜头和摄像模组的需求快速增长，舜宇迎来了高速成长时期。舜宇通过实施"名配角"发展战略，行业地位得到快速有效的提升。2014年成立舜宇上海光学，与柯尼卡合作，这使舜宇上海光学成为高像素手机镜头的重要生产基地。2016年，舜宇光电成为首家量产双摄镜头模组产品的公司，成功抢占了高端手机模组的市场先机。2018年，舜宇的手机镜头市场占有率上升到23.6%，占全球第二。目前，手机镜头和摄像模组业务成为舜宇营业收入的主要来源[1]，手机镜头和手机摄像模组市场占有率位居全球第一[2]，舜宇也成功实现了从传统光学技术企业向现代光学技术企业的升级转型。

2004年左右，车载镜头开始出现。舜宇敏锐地意识到光学技术在汽车行业的应用将有很大的市场潜力，于2008年成立了宁波舜宇车载光学技术有限公司，专门面向该行业市场进行技术攻关、产品研发和生产制造，在国内行业中抢占了战略高地。为了提升光学产品的智能化应用水平、打造行业领先优势，2014年舜宇成立了智能测量仪器有限公司。2015年，舜宇投资无锡维森智能传感公司，延伸拓展汽车智能驾驶模块业务。2018年，舜宇进入车载红外夜视镜头前装市场，红外镜头销量和销售额位居全国第一。2019年，在德国成立舜宇光学欧洲有限公司，以增强与欧洲客户的战略合作关系。原来一部汽车一般搭载一个摄像头，随着近年来汽车智能化水平不断提升，自动驾驶技术快速发展，现在一部汽车可能要搭载八个摄像头，汽车行业对摄像头的需求日益增长。由于在光学技术和产品制造

---

[1] 陈晓平."名配角"舜宇.21世纪商业评论，2020(4).
[2] Techno Systems Research Co., Ltd 2021年报告。

方面的雄厚基础和持续创新，舜宇紧抓市场机遇，其车载镜头已全面进入奔驰、宝马等国际知名车企，其车载镜头的市场占有率连续多年位居全球首位。[1]

从照相机镜头，到手机镜头和手机摄像模组，再到车载镜头，舜宇屡次成功把握行业发展先机，并占据领导地位，企业实现跨周期持续成长。其中一大原因在于舜宇始终聚焦于光学产品领域专精发展，不断增强镜头等相关领域的技术能力，并经过战略性地前瞻布局将核心能力应用到不同的行业场景。舜宇起步阶段是一家技术落后的工厂，也曾因照相机技术的更新而多次失去重要订单。挑战和困难倒逼舜宇加强技术创新，不仅强调企业内部研发创新，还重视整合利用外部资源。如创业初期，创始人王文鉴带着 8 名高中毕业生前往浙大学习光学冷加工技术；通过收购韩国力量光学的部分股份和收购日本镜头制造商 Konica Minolta 的上海手机镜头生产基地，增强企业在高端手机镜头领域的设计和生产能力[2]；投资以色列 3D 视觉公司 Manti Vision，布局新一代 3D 摄像头技术[3]；与浙江大学光电科学

---

①Techno Systems Research Co., Ltd 2021 年报告。

② 刘芮, 李墨天. 手机摄像头的突围与反击. 中国工业和信息化, 2021(8).

③ 彭新敏, 祝学伟. 绿叶亦有芬芳时: "名配角"舜宇的崛起之路. 清华管理评论, 2020(10).

1984	「舜宇集团」前身余姚县第二光学仪器厂成立
1985	为浙江照相机一厂生产镜片，确立光学冷加工发展方向
1987	引入光学冷加工最佳参数，创新「高速抛光」工艺技术
1988	「两个转变」刷新经营战略，与江西光学仪器总厂、机电委杭照所合作展开多头联营
1989	与浙大合建「浙江大学光学仪系余姚光电仪器总厂」
1990	投资生产显微镜
1991	「借船出海」把产品销往国外
1992	技改资金突破400万元
1994	350名在册员工全部成为公司股东
1995	成立进出口贸易分公司
1996	清理和撤销与主业不相关的公司和工厂
1997	自主开发的扫描镜头获得成功，迅速成为主打产品
1999	「舜宇精神文化基本内容」第一版发布
2000	实现股权人格化（自然人持股）
2003	创建以「舜宇12345人才开发机制」为核心的手机摄像模组量产
2004	制定名配角发展战略，确立以「共同创造」为核心的价值观
2005	
2006	首次制定「三年规划」，建设光电COB产线
2007	舜宇光学科技在香港联交所主板成功上市
2008	宁波舜宇车载光学技术有限公司正式成立
2010	舜宇商标申报「中国驰名商标」获得成功，舜宇光学科技正式启动「员工股份激励计划」
2011	召开股东会议，抵御住了房地产业等巨大诱惑，坚守光电制造产业定位
2012	顺利完成由企业创始人向年轻团队的新老交替
2014	发布「员工培养发展白皮书」，全面启动制度体系化建设
2015	制定千亿元企业战略规划，开创数字化工厂生产模式，出台新一轮「员工股份奖励计划」
2016	设立「中央研究院」，成为首家量产双摄镜头模组产品的公司
2017	量产全球首款非球面玻塑混合镜头，首次启动「技术发展战略规划」项目
2018	加入罗切斯特大学工业联盟计划，可靠性实验室正式通过CNAS认证
2019	在印度、越南等国家设立制造基地，与浙江大学共建「智慧光学研究中心」，在德国注册新公司
2020	《中国光电之星》正式出版

舜宇发展历程概况

资料来源：公司官网整理。

与工程学院共建"智慧光学研究中心",联合进军前沿和关键核心技术。

与此同时,舜宇非常重视持续提升生产管理和制造工艺水平。光学产品制造属于精密制造行业,对生产工艺和管理要求很高,尤其是随着新材料的不断引入,如原来的玻璃材料逐渐被光学塑料替代,客户对产品微小型的要求也越来越高,光学镜头不断往小巧、精密的方面演进,加工方法也不断创新,传统的球磨机等磨镜面的机器升级成注塑机、镀膜机等,有的设备每台售价高达几百万美元。舜宇在这方面舍得投资,购置大量先进设备,持续改进生产流水线和工艺,生产效率和产品质量稳步提升,赢得了"名主角"的认可和信赖,最终在光学行业脱颖而出,成为领军企业。

(3)挖掘满足客户多元需求

专精特新企业往往围绕核心客户的特定细分领域需求开展创新和生产制造活动,以优质的产品和服务与客户建立长期导向的紧密合作关系。在持续服务客户的过程中,专精特新企业有机会更多地了解核心客户的发展战略布局和对供应商的需求情况,尤其当客户要发展新的潜力型产品或业务时,则会衍生出新的产品和服务需求,就需要重新搭建供应商体系。此时,作为受到客户信赖的既有供应商,专精特新企业可以主动争取承接与自身资源能力相匹配的新业务，实现企业业务或产品线的拓展。

相比面向新客户开拓新业务，专精特新企业挖掘和满足核心客户的多种需求，这是一种成本和风险更低的市场开拓战略。一方面，企业与现有客户之间的常年合作会产生信任关系，较高的信任度可以有效降低市场交易费用，如与新客户建立合作关系过程中所发生的信息搜索、询价、磋商、履约等方面的费用成本。另一方面，企业更加熟悉现有客户的产品需求和服务要求，如有的客户很看重供应商的运营效率，有的客户则重视供应商的成本优势，可以更为精准地满足客户需求。所以，挖掘和满足客户的多元需求，也可以称为基于市场相关性的企业成长方式。

成立于2011年的小巨人企业浙江国自机器人技术股份有限公司（简称国自机器人），经过不懈的创新努力，成功研发出了第一代无轨导航智能巡检机器人，并成为国家电网智能机器人核心供应商。公司确立了以"移动机器人"为核心的发展战略，逐步构建起完整的移动机器人技术体系和以智能巡检、智能物流及智能制造为核心的产品体系，面向电网、发电、石油石化、轨道交通、综合管廊、先进制造、公共空间等应用场景提供优质的机器人产品及服务，业务覆盖全国31个行政区和美国、日本、欧洲、中东、东南亚等 10 余个国家和地区。截至 2020 年，公司累计申请专利数量突破 1000 件（含多项 PCT 国际专利），获得各类奖项超过 100 项。

国自机器人坚持以技术创新为根本，先后发布了核心导航技术"星越导航"、GRACE 系统、仓储物流系统 STAR SYSTEM 等，不断拓展移动机器人产品的应用场景，在智能巡检、智能物流、智能商用、智能制造等领域实现快速发展，智能化的巡检、安防、运维、叉车、搬运、拣选、移载、商用、清洁等机器人产品不断面世。

国自机器人在服务客户过程中特别重视深入企业现场了解客户需求，除了通过标准化产品加定制化开发来满足客户的需求外，还会在服务过程中主动挖掘和分析客户的需求痛点，销售人员与工程技术人员协同服务客户，保障服务质量，提升客户对企业的信任度。与客户直接面对面沟通，可以真实地洞察和捕捉客户的需求，并不断优化自身的产品、技术和方案，形成一个及时的正向反馈机制。通过一段时间的深度合作，客户愿意将更多业务需求交给国自机器人来完成。

为了更好地满足客户需求，随着机器人产品的不断丰富，国自机器人对客户多种需求的综合服务能力得到显著增强，目前已经形成了光伏整体产线、工程机械、电网物流、半导体等领域的解决方案，逐渐从原来的产品提供商升级为解决方案服务商。在各类行业应用领域，国自机器人成立了相应的行业解决方案团队。团队的行业专家对行业工艺等有较深的理解，很多时候可以发掘客户并不清楚的核心痛点，并结合自身的产品和技术优势，为客户提供定制化的解决方案。如，国自机器人刚开始为一家新能源龙头企业解决其从硅料到硅棒的生产场景的自动化搬运问题，在该产品和服务的效果得到认可之后，将服务内容延伸到其他生产场景，如硅棒到硅片的生产工厂、硅片到组件的生产工厂等。正是持续不断地深入了解和挖掘客户的应用需求，国自机器人的技术、产品和服务能力获得了客户的认可，客户也愿意参与到更紧密的合作之中。在深度服务客户多元需求的过程中，国自机器人的行业综合解决方案能力也得到很大的提升，可以为行业内其他企业赋能。比如，通过对太阳能光伏全产业链应用场景的深入调研和实践，国自机器人可以整合既有产线的控制、信息、管理等系统，依托高精度、高稳定性的移动机器人，构建实时、互联、互通的柔性产线集成系统，在光伏整体产线解决方案领域具有很强的服务能力，为客户企业在洁净生产、智能管理生产过程、提高生产效率和良品率等方面提供助力。

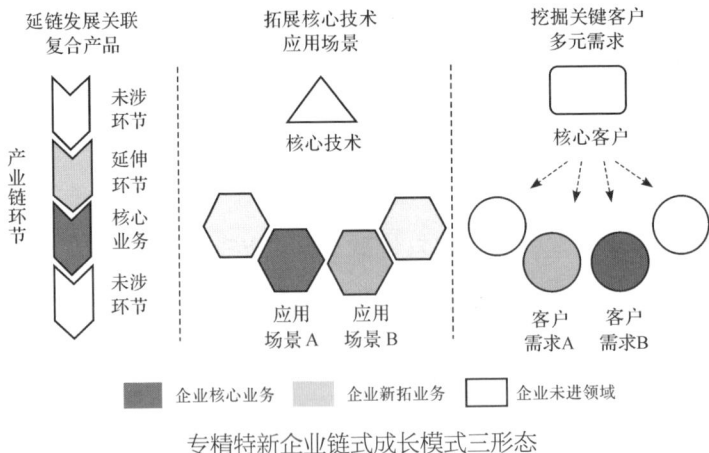

专精特新企业链式成长模式三形态

3. 平台生态成长

近年来，随着数智技术的快速兴起和广泛运用，一些产业的边界变得模糊，产业链发生不同程度的重构和整合，传统的产业分工协作体系出现调整，平台生态化产业系统逐渐形成，模块化研发和生产制造成为新的发展趋势。在此背景下，专精特新企业在新的产业生态系统中的角色和功能需要发生调整，原来的一、二、三级供应商的垂直层次关系会有所变化，各级零部件企业将通过数字化技术直接对接成品企业甚至终端客户，企业间的水平协同关系将不断涌现。一些规模实力较强的专业化企业从单元产品生产企业、复合产品生产企业走向平台生态企业。

平台生态企业会发展成为综合方案解决商，为客户提供一揽子产品和服务。平台生态系统融入了大量专业化发展的企业，它们彼此之间既竞争又合作，共同服务客户需求。一些规模相对较大的专精特新企业，由于数智技术的高效使用，可以更为便捷和低成本地连接企业客户和消费者，发展成为一家对客户的多元复杂需求具有综合解决能力的产品和服务供应商，构建自己的特色产业生态，企业的发展能级显著跃迁。

正泰 1984 年成立于浙江温州乐清柳市镇，起步于低压电器业务，2004 年进军高压输配电设备产业，一路专注主业，稳扎稳打、精益求精，注重技术创新、产品品质和品牌建设，坚守"做专才能做精，做精才能做强，做强才能做大"的发展逻辑，围绕电不断延伸产业链，在成功打造出"发电—储电—输电—变电—配电—用电"的全产业链协同发展综合优势后，把握产业和时代机遇进入新能源产业，逐步形成覆盖新能源、智能电气、能效管理、多能互补、储能、智能电站运维、智慧城市、智能制造等产业的绿色化发展体系，从业务型公司向平台生态型公司转型升级，正在迈向领先的智慧能源解决方案提供商。

随着智能制造、物联网等技术的创新和应用，正泰的数智化转型步伐不断加快。顺应现代能源、智能制造和数字化技术融合发展的大趋势，2017 年以来，正泰积极推进"一云两网"战略布局，持续推进大数据、物联网、人工智能

1984	1986	1988	1991	1994	1997	1999	2003	2004	2005	2006
正泰前身"乐清县求精开关厂"成立	投资建立温州第一个热继电器试验室	领取第一张由机电部颁发的生产许可证	中美合资温州正泰电器有限公司成立	通过国际ISO9001质量体系认证	正泰集团精神文明建设委员会成立	通过ISO14001环境管理体系认证，正泰商标被认定为中国驰名商标	启动"数字化正泰"	进军高压输配电设备产业，荣获全国质量管理奖	通用正泰（温州）电器有限公司开业	正泰技术研发中心在上海开工建成

2021	2020	2019	2018	2017	2015	2014	2011	2010	2009	2008
正泰电器正式加入联合国全球契约组织	中国企业500强第256位	发布"正泰工业互联网平台"	南存辉被中共中央、国务院授予改革先锋称号	积极推进"一云两网"战略布局	智能制造车间项目入选国家工信部2015年智能制造专项项目	荣获中国工业大奖	荣获"全国模范劳动关系和谐企业"称号	正泰电器在上海证券交易所公开上市	发起并设立正泰公益基金会	"诺雅克"项目启动，进军第二代薄膜技术光伏发电领域

正泰集团发展历程概况

资料来源：公司官网整理。

与制造业的深度融合，着力打造平台型企业，致力于成为全球知名的智慧能源解决方案提供商。

在"一云两网"战略架构下，"一云"即"正泰云"，通过物联网、云计算、大数据技术等实现数据的关联和整合，把数据先转化为信息，再转化成智慧。所以，"正泰云"

就如正泰的"企业大脑"。通过"正泰云"这一智慧科技和数据应用的载体，正泰可以高效连接企业内部的制造与经营管理数据，实现企业对内与对外的数字化应用与服务，成为国内聚焦能源电力垂直领域的行业云先行者之一。

"一云两网"战略架构下的"两网"即工业物联网（IIoT）和能源物联网（EIoT）。其中，工业物联网是"一云两网"的能力支点。这一能力支点是以正泰 30 多年专注专精发展制造业的经验智慧为基础，以企业数字化转型为核心，构建形成的灵活、高效、智慧的智能制造体系，面向制造业与供应链的优化，为产品设计与服务系统、工厂运维服务系统、智能制造等提供创新性的解决方案，可以赋能智能制造、智慧工业、智慧水务、智慧供热等领域数智化创新发展。

能源物联网是"一云两网"的战略抓手。面对能源行业变革发展带来的各种新机遇，能源物联网以用户为中心，构建多能互补的智慧能源体系，面向用户提供能源解决方案与服务，通过智慧储能、电力自动化、智能楼宇等方面的商业模式创新，为公共机构、工商业及终端用户提供一揽子能源解决方案，为智慧能效、智慧电力、智能家居、智慧新能源等领域提供智慧化赋能服务。

为了推进从业务型公司向平台型公司转型升级，正泰一方面积极开展组织变革和流程再造工作，利用"正泰云"打通各产业公司之间的"信息孤岛"，提升企业跨业务板块和跨职能部门的协作能力，构建并增强数据中心和业务中台的能级，服务业务的创新、高效、协同发展；另一方面加大对外部合作伙伴的数字化管理，以增强伙伴协同能力。这些伙伴是正泰生态系统和"两网"中的重要主体，正泰通过开放数据能力更高效地服务产业链上下游伙伴企业，连接智能制造、智能家居、智能运维、储能、金融和支付等各个领域的更多优质生态伙伴，不断丰富正泰的产业生态，持续增强产业链、创新链的整体竞争力。

作为平台企业，"十四五"期间，正泰将深化"一云两网"战略，抢抓数智化、绿色化发展新机遇，坚持"高科技、轻资产、平台化、服务型"经营方针，在不断增强正泰自身平台能力的基础上，不仅助力正泰从点式、链式向圈式成长模式跃迁，还与合作伙伴一起创新和协同产业链、价值链、创新链、金融链和人才链，共同赋能智能制造和智慧能源高质量发展。

正泰构建和实施平台生态成长模式，不仅是主动迎接科技创新和产业变革带来的机遇，更为重要的是企业拥有了坚实的基础。一是全产业链赋能优势。正泰在过去近40年的发展过程中围绕电形成了明显的全产业链综合优势，在技术创新、生产制造、产品质量、供应链管理、财务管理、市场营销、品牌建设等方面都有很强的专业能力，而且，在全产业链布局下形成了较好的分工协作体系。在平台生态下，正泰作为平台主企业，可以发挥其全产业链综合优势，赋能生态参与伙伴企业。也就是说，正泰对生态伙伴企业拥有较强的增值服务能力，进而吸引更多企业加入生态系统。二是战略性产业布局。正泰在智能制造和新能源等具有广阔发展前景的行业进行战略性布局，并拥有较强的科技创新和产业基础，呈现出明显的先发优势，为吸引优质伙伴企业共同发展战略新兴产业提供了很好的机会。而且，正泰历来注重愿景使命引领发展，不因短期利益来打造平台生态系统，可以与众多"志同道合"的伙伴企业一起长期化发展。三是共创共享文化基因优势。创业初期正泰资源匮乏，必须想法设法整合利用外部资源，包括家族资源和非家族社会资源，尤其是人才资源。正泰管理层深知"财散人聚"的重要性，稀释创始人和家族的股权，让渡利益给供应商和客户，并推行公司内部创业活动。在发展过程中正泰秉持共创共享的文化和机制，这种根植于文化基因的共创共享机制，在平台生态构建中尤为关键，平台主不会独享生态收益，而是有效地扩大生态伙伴群体，形成更强的网络效应。

4. 成长模式选择

专精特新企业总体上可以选择点式纵深成长、链式水平成长和平台生态成长等主要成长模式，三大类成长模式分别遵循规模经济、范围经济和网络经济等主导经济逻辑。

（1）规模经济与点式纵深成长模式。采取点式纵深成长模式的专精特新企业，由于企业业务限定在特定细分领域，其成长的基本逻辑在于不断提高在细分市场领域的市场占有率，通过业务规模的持续扩大使企业实现规模经济效应。即业务规模扩大到特定规模水平而实现更低的成本，同时叠加在细分专业领域的品质和品牌优势，增强盈利能力，这样企业就可以实现高质量成长。

（2）范围经济与链式水平成长模式。采取链式水平成长模式的专精特新企业，在产业链多个相关环节或围绕多个相关产品开展生产经营活动，可以有效共享技术、市场、品牌等相关资源，进而摊薄单个业务或产品的相关成本，获取明显的范围经济效应，以较低成本和优质产品助力专精特新企业持续健康成长。

（3）网络经济与平台生态成长模式。采用平台生态成长模式的专精特新企业，在生态系统中融合了众多专业化企业，平台企业促进专业化企业之间的连接，并在产品创新、生产制造、物流、渠道销售等方面给予有效赋能，形成日益强大的网络经济效应。在利用单个专业化企业能力的基础上激发不同参与企业之间的协同性，有力促进平台主企业和生态企业持续快速成长。

专精特新企业选择何种成长模式需要根据企业特定的内外部条件而定，如产业发展阶段和水平、企业特定的资源能力基础等。

（1）点式纵深成长模式的匹配条件

在外部环境方面，当企业所处的产业链特定环节的市场呈现出差异化需求态势，同时，这些差异化需求尚未得到充分满足，而差异化需求又有一定规模体量时，就为专精特新企业定位在特定细分市场获得成长提供了可能性。否则，如果市场需求高度同质化，或细分市场的需求规模不够大，企业就没有太多必要聚焦特定的细分市场领域。

在内部环境方面，企业需要拥有在特定细分市场领域创造更高价值的资源和能力，主要包括通过持续性研发投入推出特色新产品，通过精益化运营持续提高业务运营效率，通过强化质量管理改进产品品质，通过优化客户服务增强价值创造能力等，否则，企业难以真正有效满足客户的差异化需求。这就要求企业能够聚焦特定细分市场领域深耕发展，而且能够塑造特色化优势。所以，总体上，点式纵深成长模式适合创业阶段和早中期成长阶段的专精特新企业，因为这两个阶段的企业大多资源有限，将有限的资源分散分布到多个领域难以在特定细分领域形成竞争优势，聚焦细分领域深度发展成为合理选择。

（2）链式水平成长模式的匹配条件

如果专精特新企业要采取链式水平成长模式，首先，企业所处的产业链需要存在向上下游环节延伸的市场机会，也就是拟延伸的产业链环节需要有一定的成长空间且有更高的利润回报，否则，企业即使向产业链相关环节延伸发展也容易遭遇成长瓶颈和利润陷阱。其次，客户对产品和服务存在日益明显的集成化需求，单一产品和服务已经难以满足客户的需求，此时，企业通过进入多个相关领域提供复合产品和综合服务才会具有真实的竞争力。再次，客户的单元或单点需求已经得到深度满足，企业再继续深挖特定细分领域的价值难以奏效，这就需要沿着产业链进入相关环节领域。

企业要想有效利用产业链相关环节提供的市场机会，至少需要具备两方面的基本条件。一是关键性资源的可共享性。企业向产业链相关环节延伸发展，需要必要的关键性资源和能力加以支持。如果这些资源和能力需要重新获取以致耗费大量的时间和成本，就会弱化企业的成长速度和盈利水平。此时，如果企业拥有的现存资源可以转移使用到其他领域，企业的竞争优势就会非常显著。这些关键性资源通常是技术、生产、客户、渠道、品牌等，其往往具有较强异质性和较高价值性的特点。二是跨业务、跨职能的协同性。企业进入产业链多个环节，相对于习惯专业化经营和管理的企业而言，其将面临组织管理的新挑战，最大的难点在于跨业务、跨职能之间的协作。不同业务的属性可能存在明显差别，这就要求企业采用不同的组织和管理方式，因此，企业一般会增设新的业务部门和职能管理部门，跨业务和跨职能的协调问题就可能会凸显。所以，只有具备较强的跨业务、跨职能管理能力，企业才能真正从链式水平成长模式中获益。

（3）平台生态成长模式的匹配条件

如果企业想作为平台主角色采用平台生态成长模式，需要具备一定的外部条件，主要包括：一是客户综合服务需求较强。在一些产业领域，终端客户对供应商提出一体化综合服务的需求，而且，这种综合服务往往具有快捷便利、成本敏感、迭代创新等要求，此时，单一服务或集成服务很难再赢得市场。二是优质专业企业涌现。平台主需要整合利用生态伙伴企业共同服务客户，否则，完全由平台主企业提供全部产品和服务，平台主企业就会是全价值链企业，往往规模庞大而效率低下。只有当产业中涌现出一批专业化水平高的优质企业，平台主企业才有可能去整合利用这些企业的专业化服务能力。三是链内与跨链容易协同。当市场中已经有较多的专业化优质企业，而这些企业可能处于同一产业链，也可能存在于多条产业链，如果平台主企业连接和协同这些企业的难度较大，平台生态也就难以形成。

在平台生态成长模式下，平台主企业需要具备如下基本条件。一是平台主企业能级较高。企业想要扮演平台主的角色，首先需要具备给生态伙伴企业赋能的能力，否则，当企业无法给其他企业带来增值服务能力时，企业之间的合作利益关系就难以存续。平台主的能级可以表现在技术创新、生产制造、渠道建设、品牌影响等方面。二是平台主企业践行共创共享理念。即使平台主拥有可以赋能生态伙伴发展的高能级，但如果过于强调控制或独占利益，其他企业就不太可能与平台主企业共生发展。所以，平台主企业需要秉持和落实共创共享的理念，企业之间形成相互协作和共同获益的双赢多赢关系。三是平台主企业双轮创新发展。技术和市场是平台生态持续发展的两大内在驱动因素。平台主在生态系统中发挥着主体性关键作用，需要在技术创新和市场拓展方面拥有引领性功能，否则就难以去赋能和维持平台生态的健康运营。总体上看，平台生态成长模式适合处于成熟阶段和面临转型需求的规模体量较大的企业。

专精特新企业成长模式选择

成长模式	主导经济逻辑	外部条件	内部条件	成长阶段
点式纵深成长：提高业务运营效率；增强产品创新能力；增加服务增值能级；提升企业品牌声誉	规模经济	产业链特定环节有差异化需求、价值未充分挖掘、一定规模的市场需求等	持续研发投入、精益高效生产运营、较强的质量管控、优质客户服务等	创业阶段；成长阶段（早中期）
链式水平成长：延链发展系列关联产品；拓展核心技术应用场景；挖掘满足客户多元需求	范围经济	产业链存在延展机会、产品和服务集成需求、单点需求已深度满足等	技术、生产、客户、品牌等资源可共享利用，跨业务、跨职能协同较强等	成长阶段（中后期）
平台生态成长：链接多元生态伙伴；构建生态共创价值；平台赋能伙伴成长	网络经济	客户综合服务需求较强、优质专业企业涌现、链内与跨链容易协同等	参与企业共创共享理念、平台主企业能级较高、技术与市场双轮驱动发展等	成熟阶段；转型阶段

六

专精特新企业的支持体系

第一节　培育发展政策

近年来，我国非常重视培育壮大专精特新企业，工业和信息化部、各级政府部门出台了相关指导意见、行动计划和政策措施，形成了较为完善有效的政策体系，有力地促进了专精特新企业的高质量发展。

1. 专精特新小巨人企业

为了促进中小企业走专业化、精细化、特色化、新颖化发展之路，2013 年，工业和信息化部发布了《关于促进中小企业"专精特新"发展的指导意见》（工信部企业〔2013〕264 号）。该《指导意见》明确了促进中小企业"专精特新"发展的指导思想和工作目标，提出了增强企业技术创新能力、实施知识产权战略、提高信息化应用水平、提升产品质量和创建品牌、提高经营管理水平和促进产业协作配套等重点任务。为了实现相关工作目标和任务，《指导意见》提出了培育和支持中小企业"专精特新"发展的相关措施，主要包括加大财税金融扶持、建立和完善服务体系、组织市场开拓活动、加强培育和推进工作、建立协同工作机制等。

为推动中小企业高质量发展，按照《工业强基工程实施指南（2016—2020 年）》、《促进中小企业发展规划（2016—2020 年）》（工信部规〔2016〕223 号）、《关于促进中小企业健康发展的指导意见》和《关于促进中小企业"专精特新"发展的指导意见》（工信部企业〔2013〕264 号）等相关要求，工业和信息化部于 2018 年起在全国开展专精特新"小巨人"企业培育工作。根据培育工作的要求，明确了专精特新"小巨人"企业的培育条件，如基本条件和专项指标，并逐年改进优化相关培育条件，如 2021 年设立了分类指标，对于遴选和培育不同规模等类型专精特新"小巨人"企业提供更为合理的条件指南。

为了有效培育专精特新"小巨人"企业，工业和信息化部明确了培育工作的具体目标和重点领域，还在落实动态管理、培育梯度、支撑服务和示范引领等方面进行了相关规范和指引。相关年度的专精特新"小巨人"企业培育方案措施，根据实际情况和战略需求进行动态优化，如在重点领域方面，2021 年要求培育对象企业的主导产品应优化聚焦制造业短板弱项，属于新一代信息技术与实体经济深度融合的创新产品也新增成为重点领域，对专精特新"小巨人"企业支撑服务的内容也更为具体化和体系化。

2. 单项冠军企业

为了加快实现制造强国战略目标，2016 年工业和信息化部印发了《制造业单项冠军企业培育提升专项行动实施方案》（工信部产业〔2016〕105 号），意在培育和做强一批制造业单项冠军企业，总结和推广单项冠军企业的成长模式和经验，示范带领更多企业迈向"专精特优"发展之路，提升我国制造业的全球价值链地位和国际竞争力。

该《实施方案》明确提出了制造业单项冠军示范企业和单项冠军培育企业的申报条件，主要包括聚焦发展、专注发展、市场地位、创新能力、经营绩效、国际经营、品牌战略、产业导向与资质资格等。其中，单项冠军示范企业和单项冠军培育企业在上述各项条件上既有共性标准，也存在梯度差别。如，在聚焦发展方面，两类企业都需要聚焦制造业 1~2 个特定细分产品市场，单项冠军示范企业特定细分产品的销售收入要占到企业全部业务收入的 70%以上，单项冠军培育企业则在 50% 以上；在全球市场地位方面，单项冠军示范企业的单项产品市场占有率要位居全球前三位，单项冠军培育企业则要位居全球前五位或国内前两位。

《实施方案》还明确了培育制造业单项冠军企业的任务要求和主要措施。在任务要求方面，要求单项冠军示范企业在专业化发展、研发创新能力、全球品牌影响力和市场地位等方面加强努力。在培育措施方面，提出了加强对标咨询、动态评估、政策支持、总结示范等方面的对策措施，相关措施引导和鼓励积极发挥地方政府和行业协会的作用，以持续创新和完善针对单项冠军企业高质量发展的支持政策和服务体系，并通过总结、交流和传播单项冠军企业的培育和发展方面的国内外经验，示范引领更多制造企业成为优秀的单项冠军示范企业，助力我国从制造大国向制造强国发展。

第二节　赋能成长策略

如前所述，专精特新企业有其独特的成长机制和成长模式，需要从企业成长的基础条件、内在驱动、外部环境等多个方面，构建起赋能专精特新企业高质量可持续成长的策略体系，主要包括如下六个方面。

1. 夯实人才队伍

人才队伍是专精特新企业创新发展的重要力量。在数智经济、产业创新、消费升级等时代背景下，专精特新企业的持续健康发展越来越需要建设一支创新、高效、合作、稳定的人才队伍。现阶段，专精特新企业发展需要建设"四型"人才队伍。

一是战略型企业家。科技创新和产业变革进程不断加快加深，专精特新企业发展面临的不确定性和风险日益增加，同时，市场机会也不断涌现。专精特新企业的创新发展，需要增强企业的战略管理能力，促使企业既能"脚踏实地"又能"仰望星空"，在"正确的做实"的同时做到"做正确的事"，以愿景使命来引领企业未来发展，激发企业员工与企业共同成长。

二是领军型科创家。专精特新企业深耕细分行业领域，持续发展会遭遇"卡脖子"技术、细分市场"天花板"等因素的约束。因此，培养在行业技术创新和市场开拓领域的领军型科创家，不仅可以带领企业攻克科技难关，研发高附加值新产品，还可以敏锐捕捉技术创新引致的市场机会，及时满足客户需求，持续拓展企业成长空间。

三是国际化管理者。专精特新企业往往面向国际市场发展，与国际一流企业开展业务合作。从出口升级到在国外建立生产基地、研发中心和销售机构等，需要专精特新企业拥有一支胜任跨文化管理要求的国际化管理团队。尤其是当企业跨国发展面临"局外人劣势"和"外来者劣势"时，精通国际化运营的管理者尤为关键，否则企业在国际市场中难以实现从"走出去"到"走进去"再到"走上去"的实质性转变。

四是熟练技工队伍。专精特新企业发展不仅强调创新驱动发展，还需要持续提高企业的运营效率。其中，劳动生产效率是企业运营效率的重要方面，尤其是对于劳动密集程度较高的企业。专精特新企业需要注重培训技术工人队伍，多种形式地加强员工激励体系建设，打造一支效率高的稳定型技工队伍，夯实企业品质品牌化发展的员工基础。

2. 提升运营效率

效率是专精特新企业赢得竞争优势和实现持续成长的重要基础。政府、企业和社会服务机构可以从如下方面助力专精特新企业持续提升运营效率。

一是提升人员劳动效率。劳动力是专精特新企业持续健康发展的关键要素，员工成本也是企业成本构成中占比较高的部分。引导和支持专精特新企业加大员工培训和激励，打造熟练程度高、稳定性强的专业技能员工队伍，尤其是符合数智时代需求的熟练技工，不断提高员工的人均产出和创利水平。政府和高校等要从社会氛围、住房、教育、医疗、税收等方面系统施策，加大引导更多劳动力和学生进入制造业尤其是专精特新企业，整体提升制造业人才队伍水平。

二是提升资金使用效率。资金是专精特新企业运营发展的重要资源要素。在产业渐趋成熟、市场竞争日益激烈的情况下，企业持续提高盈利水平面临较大挑战。通过高效使用资金来降低成本负担，是专精特新企业增强盈利能力的有效路径。应引导和支持专精特新企业保持合理的资金负债水平，加强固定资产和现金流管理，不断提高资金的周转率，夯实企业健康发展的基础。

三是提升设备使用效率。生产和研发等设备是专精特新企业开展生产经营活动的基础保障。企业购置相关设备，是企业的固定资产投入。有效提升对相关设备的高效使用，是专精特新企业降本增效的重要途径。一方面引导和支持专精特新企业加大设备改造和维护力度，有效提高数字化和柔性化生产水平，持续提高产品良品率；另一方面加强生产、研发、市场等跨部门协同，积极开拓产品市场，以较高的产能需求来提高设备使用水平，有效降低产品的固定成本分摊。

四是提升集成运营效率。除了有效提升劳动力、资金、设备、土地、渠道等单一要素资源的使用效率，专精特新企业还需要重视企业内部跨部门协同和与供应商、客户、科研机构等外部组织的协同整合，从系统角度整体提升企业的运营效率。一方面，梳理和优化企业的业务链和价值链，积极推动流程和组织变革，破除"部门墙"，提升组织协同运营效率；另一方面，强化协作型、效率型组织文化建设，以愿景使命汇聚众力，高效服务客户需求。

3. 增强创新能级

创新驱动发展是专精特新企业持续发展的基本特色。企业创新涉及技术、工艺、产品、市场、管理等多个方面，专精特新企业可以重点加强如下领域的创新活动。

一是构建开放协同创新体系。复杂多变的时代，对企业的个性化、定制化、敏捷化运营能力提出了极高的要求，单个企业难以有效应对各种变化和需求。一方面专精特新企业要与关键供应商加强合作创新，提升原材料、零部件等产品的技术水平；与核心客户加强创新需求对接，合作研发符合市场需求的优质产品；与科研院校开展战略合作，共同研究基础应用型科研项目，提升企业新产品创新能力。另一方面专精特新企业要立足核心业务的创新需求，与关键供应商、核心客户、特色科研院校等加强创新合作，积极搭建开放协作创新体系，充分互补和利用不同创新主体的特色优势，持续提升企业科技创新能级。

二是攻坚突破关键核心技术。专精特新企业深耕细分领域专精发展，持续发展可能会面临行业核心关键技术难以突破的障碍。专精特新企业要实施关键核心技术创新的战略规划，聚焦创新焦点和难点，调动和配置更多优质人才、资金、研发设备等资源进行技术攻坚。其一，提升企业科技创新平台等级，积极创建国家级和省部级研究机构，增强企业自主创新能力。其二，积极申请各级政府部门的重大重点科技创新项目，汇聚整合行业优秀企业、科研机构等力量，进行科技创新专项研究。其三，注重国际和国内发明专利申请和保护，主导和参与制定高等级的标准，在关键核心技术领域形成更大话语权和竞争力。

三是重视非研发创新活动。在注重科技创新的同时，专精特新企业要强化企业管理、组织文化、运行机制等非研发创新活动，提升全面创新管理的意识和能力。专精特新企业要加强管理创新，尤其是研发设计、生产制造、市场营销等方面的协同创新管理，形成顾客中心的创新机制；要加强鼓励探索、宽容失败等企业创新文化建设，设立支持内部创新和孵化的风险基金，设计期权、股权计划激励创新人员；要对标行业领先企业进行最佳实践学习，借鉴相关创新经验与教训，探索符合企业自身的创新模式。

4. 提高数智水平

随着数字技术广泛应用到研发、生产、质控、营销、品牌等职能领域，专精特新企业的技术创新、生产制造、供应链、市场营销等方面的组织方式正在发生深刻变化。专精特新企业需要在如下方面重点提升数智化水平。

一是提升智能制造水平。产品品质和生产效率是专精特新企业参与市场竞争的核心基础。专精特新企业需要通过加强引入智能制造设备改造传统生产设备和工艺流程，提升小规模敏捷性生产能力，提高制造环节的数智化精细管理能力，打造基于智能制造的新智造能力，重塑新市场竞争优势。

二是上下游数智连接水平。专精特新企业大多处于产业分工体系的中间环节，需要与上下游伙伴企业开展协同产品研发、生产制造和市场服务等。积极采用数字技术高效连接供应商和客户，可以节约沟通成本，提高协同效率。尤其是借助数字技术联动整合上下游企业资源，助力专精特新企业更深层次地参与产业分工协作。

三是加强智能产品研发。在数智经济时代，专精特新企业需要向市场提供具有很强智慧能力的数智产品，让产品可以与行业内外的数智产品实现连接互动，并利用数字技术进行远程运维，增强产品的消费体验感和附加值。这对数字化需求高的行业尤为关键，否则，传统产品将从数智产品生态中被剥离掉。

四是增强数智化管理能力。数字技术深刻影响人们的生产生活方式，企业的组织形态和管理方式正在发生变革，扁平化、敏捷化、微粒化等组织方式不断出现。专精特新企业需要立足行业和市场发展趋势，加大企业数智化管理体系建设，以业务流和价值流为核心变革组织流程，积极采用数字技术创新企业管理方式。

5. 完善产业生态

专精特新企业根植于全球产业链和价值链的特点环节，与上下游伙伴企业形成专业化分工协作关系，所处的产业生态发展水平对专精特新企业创新发展有着重要的促进作用。所以，构建高质量发展的产业生态系统，有助于培育和发展专精特新企业。

一是促进产业生态创新升级。政府部门应该面向产业高质量发展的战略目标，以优化全球产业链和产业生态系统为导向，系统梳理研究产业链、创新链和价值链的空间布局和组织体系，科学制定区域产业发展规划，明确延链、拓链、补链、强链的重点领域和关键任务。尤其是引导产业从要素驱动发展模式向创新驱动发展模式转变，支持专精特新企业在构建和完善产业链和产业生态创新升级过程中发挥更为积极的作用，加强市场公平竞争、优胜劣汰和舆论宣传，更好地实现专精特新企业致力于品质品牌建设的市场价值和社会意义，形成市场、社会鼓励和认可企业专精特新发展的良好氛围。

二是强化龙头企业赋能引领。龙头企业或链主企业在产业链和产业生态的构建和创新发展中起着关键性的牵引作用，专精特新企业往往围绕龙头企业开展业务配套和创新协作。致力于长期发展、开放创新、共创共享的龙头企业，可以指导和支持专精特新企业开展战略性的产品创新和品质优化等，在协作创新、生产管理、资金和人力资源等方面进行赋能，互补龙头企业和专精特新企业的优势。在数智经济时代，龙头企业往往率先实施数字化转型，对配套企业在产品研发、生产制造、物流配送等方面提出新的要求，主动指导帮助专精特新企业加快推进数字化改造，形成效率更高和创新更强的上下游合作关系。

三是促进企业生态嵌入共生。在全球产业分工协作体系发生深度调整和重构的情况下，企业在产业体系中的生态位及其优势将发生不同程度的变化。专精特新企业要立足自身在产业链特定环节的既有优势，敏锐洞察产业分工协作的新特点、新趋势，秉持学习、共创、共享的理念，主动嵌入由世界一流企业主导和参与的新产业生态，积极承担产业创新发展的新使命、新任务，不断提升自身在产业生态中的地位。近年来，一些龙头企业或链主企业正在从传统的业务型公司向平台生态型公司战略转型，专精特新企业需要加强与龙头企业的沟通合作，制定实施对应的发展战略规划，以把握产业生态演变过程中孕育的新机会。

6. 扩展品牌声誉

专精特新企业对于产业高质量发展具有重要支撑和促进作用。专精特新企业大多作为产业体系配套企业的分工角色存在，往往不为大众知晓。专精特新企业持续创新发展需要得到社会各界的更多支持，持续提升企业品牌声誉会对专精特新企业赢得更优的发展环境有所助益。

一是推进企业品牌建设。尽管专精特新企业的产品和服务主要面向企业客户而非终端大众市场，但也有必要加强企业品牌建设，以提升企业的市场影响力和议价能力。专精特新企业不仅要持续提升产品和服务品质，抬升企业的核心竞争力，还要在此基础上强化凝练企业的愿景、使命和价值观，并通过各种方式向外界有效传达企业的品牌形象和价值诉求，在客户、供应商、员工、股东、政府、社会机构等利益相关者中形成鲜明的认知，助力企业打造特色化竞争优势。

二是重视社会责任实践。在新的时代，专精特新企业不仅要通过提供优质产品和服务获取经济收益，还要积极履行社会责任，尤其在促进产业链、供应链安全韧性和高质量发展方面，专精特新企业可以发挥积极作用。专精特新企业在创新发展、清洁环保、员工权益、质量保障等方面都有较强的基础优势，有些企业已经形成了特色经验，可以在产业链上下游企业或其他企业加以示范推广，带动更多企业尤其是中小企业持续健康发展。

三是加强社会舆论宣传。专精特新企业是中小企业高质量发展的优秀群体，长期深耕细分领域，以"工匠精神"耐心追逐愿景抱负。但是，中小制造企业往往面临难以招聘到优秀人才和青年员工的挑战，融资难、融资贵问题还较为普遍，大中小企业地位不对称、账期长等引致中小企业现金流困难等现象还不时出现。媒体、高校等机构要多研究和宣传专精特新企业的先进典型，引导社会各界多关心支持专精特新企业创新发展，营造更优的营商环境和社会舆论氛围，助力培育和发展更多具有更强国际国内竞争力的专精特新企业。

参考文献

1. Humphrey J. and Schmitz H. How does insertion in glo bal value chains affect upgrading in industrial clusters? Regional Studies, 2002（36）： 1017-1027.

2. Prahalad, C.K. and Hamel, Gary. The core competence of the corporation. Harvard Business Review, 1990（5-6）： 79-93.

3. 陈晓平."名配角"舜宇. 21 世纪商业评论，2020(4).

4. 赫尔曼·西蒙. 隐形冠军:未来全球化的先锋. 北京:机械工业出版社, 2015.

5. 简兆权，令狐克睿，李雷. 价值共创研究的演进与展望——从"顾客体验"到"服务生态系统"视角. 外国经济与管理, 2016(9).

6. 蓝海林. 竞争战略:高差异与低成本的整合. 企业管理, 2000(4).

7. 雷李楠. 中国制造业隐形冠军: 从管理认知到企业成长. 杭州: 浙江大学出版社, 2019.

8. 李朝辉, 金永生. 价值共创研究综述与展望. 北京邮电大学学报(社会科学版), 2013(2).

9. 李东红. 企业核心能力理论评述. 经济学动态, 1999(1).

10. 李佩聪. 正泰新能源: 筑锦添"光"者的野心. 能源, 2019(3).

11. 李正中, 韩智勇. 企业核心竞争力: 理论的起源及内涵. 经济理论与经济管理, 2001(8).

12. 刘芮, 李墨天. 手机摄像头的突围与反击. 中国工业和信息化, 2021(8).

13. 彭罗斯. 企业成长理论. 上海: 上海人民出版社, 2007.

14. 彭新敏, 王昕冉, 慈建栋. 永新光学: 阶梯式学习铺就冠军之路. 清华管理评论, 2021(6).

15. 彭新敏, 祝学伟. 机会窗口、联盟组合与后发企业的技术赶超: 舜宇1984—2018年纵向案例研究. 南开管理评论, 2021(4).

16. 彭新敏, 祝学伟. 绿叶亦有芬芳时: "名配角"舜宇的崛起之路. 清华管理评论, 2020(10).

17. 普拉哈拉德, 拉马斯瓦米. 自由竞争的未来: 从用户参与价值共创到企业核心竞争力的跃迁 . 北京：机械工业出版社 , 2018.

18. 戎文华 . 从家族企业到企业家族——百亿正泰集团股权"稀释"成长路 . 国企管理 , 2019(3).

19. 沈伟民 . 毛磊：光学隐形冠军 24 年砥砺前行 . 经理人 , 2020(1).

20. 王树华，顾丽敏 . "隐形冠军"对中小企业发展的启示 . 江南论坛 , 2019（7）.

21. 王毅，陈劲，许庆瑞 . 企业核心能力：理论溯源与逻辑结构剖析 . 管理科学学报 , 2000(9).

22. 魏江，邬爱其等 . 战略管理 . 北京：机械工业出版社，2021.

23. 翁君奕 . 从单点到并行：聚焦战略的分化趋势与实现路径 . 经济管理 , 2009(1).

24. 邬爱其，方仙成 . 超集群学习与集群企业持续成长机制：创新搜寻视角的研究 . 杭州：浙江大学出版社，2013.

25. 邬爱其，贾生华 . 企业成长机制理论研究综述 . 科研管理 , 2007(3).

26. 邬爱其，林福鑫 . 单项冠军企业高质量发展的双内驱：创新 + 效率 . 浙江经济 , 2021(8).

27. 邬爱其，史煜筠 . 单项冠军企业的成功密码：专业主义的胜利 . 浙江经济 , 2021(5).

28.邬爱其,许斌,史煜筠.浙江缘何能成为"单项冠军之省".浙江经济,2021(1).

29.邬爱其,章重远.南存辉:行稳致远.北京:机械工业出版社,2020.

30.邬爱其.集群企业网络化成长机制:理论分析与浙江经验.北京:中国社会科学出版社,2007.

31.邬爱其.培养"四型"人才队伍 助力"单项冠军之省"建设.浙江经济,2021(7).

32.邬爱其.全球竞争、本地网络与企业集群化成长.杭州:浙江大学出版社,2008.

33.武文珍,陈启杰.价值共创理论形成路径探析与未来研究展望.外国经济与管理,2012(6).

34.夏清华.从资源到能力:竞争优势战略的一个理论综述.管理世界,2002(5).

35.邢孟军.民营企业如何成功跨越"三座大山"?舜宇集团有限公司经验探究.宁波通讯,2016(11).

36.徐立京,许红洲,黄平,胡文鹏,柳文.正泰正青春.经济日报,2021-12-28.

37.张道才.对市场与技术发展趋势保持高度敏感.企业家,2021(8).

38.张玫.坚守实业路 积极"走出去"——记正泰集团董事长南存辉.经济日报,2018-11-19.

39.邹伟锋.舜宇光学科技（集团）有限公司：一个镜头成就百亿企业.浙江工人日报,2019-3-22.